金东人文精神
理论与实践研究

中共金华市金东区委宣传部 / 编

中国市场出版社
·北京·

图书在版编目（CIP）数据

金东人文精神理论与实践研究 / 中共金华市金东区委宣传部编. -- 北京：中国市场出版社有限公司，2020.10
　　ISBN 978-7-5092-2006-1

Ⅰ.①金… Ⅱ.①中… Ⅲ.①文化精神－研究－金华 Ⅳ.①G127.553

中国版本图书馆 CIP 数据核字（2020）第 189228 号

金东人文精神理论与实践研究
JINDONG RENWEN JINGSHEN LILUN YU SHIJIAN YANJIU

| 编　　　者：中共金华市金东区委宣传部
| 责任编辑：张再青（632096378@qq.com）
| 出版发行：中国市场出版社
| 社　　　址：北京市西城区月坛北小街 2 号院 3 号楼（100837）
| 电　　　话：（010）68024335/68034118/68021338/68022950
| 经　　　销：新华书店
| 印　　　刷：成都兴怡包装装潢有限公司
| 规　　　格：170mm×240mm　　16 开本
| 印　　　张：14　　　　　　字　　数：154 千字
| 版　　　次：2020 年 10 月第 1 版　　印　　次：2020 年 10 月第 1 次印刷
| 书　　　号：ISBN 978-7-5092-2006-1
| 定　　　价：68.00 元

版权所有　侵权必究　　印装差错　负责调换

编委会

主　　任：李雄伟

副 主 任：高　峰　邱银泉　王瑞海　程　浩

主　　编：徐　琰

编　　辑：李　英（特邀）　管松林

前　言

金东，是一座新兴的城市，建区只有20年，却又是古婺州几千年文明历史的延续。

江之奔涌，水之灵秀，山之伟岸，哺育了金东人蓬勃向上、敢为人先的性格，彰显了金东文化血脉的精髓。

人无精神则不立，国无精神则不强。对于一个城市、一个区域而言，同样如此。城市精神是一个城市风格和个性的体现，是一个城市最深沉、最持久的文化力量。2019年3月金东区开展"金东人文精神"大讨论活动，2020年1月金东区委四届八次全体（扩大）会议审议通过了《关于大力弘扬和践行金东人文精神的决定》，明确将金东人文精神表述为"耕读求真、实干创新、包容奋进"，这是金东人文底蕴、地域特色、时代特征的高度凝聚，是金东人民赓续文脉、奔竞不息、开拓进取的价值追求，与浙江精神高度契合，与新时代金华精神气息相通。"耕读求真"

体现的是人文传承,"实干创新"体现的是实践路径,"包容奋进"体现的是时代追求,三者相辅相成、密不可分,体现了人文精神根植历史、反映现实、引领未来的深刻内涵。

城市精神的厚度决定了城市发展的韧性。金东人文精神是金东区域特有的标识,是其最为闪亮和耀眼的所在,它能够凝聚城市和区域治理共同体和管理水平。对金东人文精神的认同,在某种意义上,意味着对金东自我家园的认同和爱护,这种本质意义上的人文观照,归根结底是为了引领人、发展人、塑造人。

山容千秀长青,海纳百川久阔。金东人文精神的弘扬,既要根植于历史传统,更要善于吸收时代养分;既要唱响简明的"标语",更要总结宣扬蕴涵其中的"故事";既要结合"大背景,大奋进,大发展",更要落脚于日常的"小作为""小细节""小事件",让金东人文精神深刻影响金东的未来,为未来发展积蓄强大的内生潜力。

当前,全区上下正在深入学习贯彻习近平总书记关于"努力成为展现新时代中国特色社会主义制度优越性的重要窗口"重要指示精神,我们要深刻领会、准确把握、始终锚定共建"和美金东、希望新城"的工作主题和发展方位不动摇,牢固树立新发展理念,进一步落实落细共建"和美金东、希望新城"的路径举措。

今年,省委、省政府决定设立金华金义新区,是金东发展史上一件历史性、深刻性、全面性的大事。这是深入贯彻习近平总书记对金华工作系列重要指示精神，全面融入长三角区域一体化发展、"一带一路"建设等国家战略，全力落实省委、省政府"四大建设"决策部署，完善大湾区"一环一带一通道"发展格局作出的重大战略部署，有利于积极融入"两个一体化"，有利于加快金义都市区能级提升，有利于更好释放国贸改革红利。全区党员干部要切实增强责任感和使命感，努力在金义新区建设和"重要窗口"建设中彰显更大金东担当，展现更多金东作为。

　　人文精神是一个理论命题，更是一个实践课题。今年年初，在金东区委主要领导高度重视下，我们邀请了一批专家对金东人文精神进行专题研讨，这些专家有省委党校、市委党校的理论研究者，有浙江师范大学、浙江工商大学的一线专家学者，也有市委政研室、金华日报社、市作协的一批本土专家，他们从金东实际出发，对金东的历史、现状、人物、事件、成就、经验等进行深入研究总结，进一步挖掘阐述金东人文精神的深刻内涵、历史根基、现实基础和引领作用，形成了一批有深度、有分量的理论文章，为金东人文精神的深入研讨提供了很好的理论文本和参照。

　　我们对这些专家学者的辛勤劳动和结晶成果表示由衷的敬意和充分的肯定，并相信这些成果将会得到很好的应用，使金东人文精神在时光的交替中生生不息，在实践的历练中吐纳融新。

2020 年 9 月 20 日

目 录

001　科学精神与人文精神交响中的金东人文精神　/　董　明
009　金东人文精神与县域治理体系治理能力
　　　　现代化浅论　/　孙裕增
028　金东人文精神的理论渊源与创新　/　李　英
040　金东人文精神的历史渊源与现实支撑　/　陈志文
062　"金东人文精神"文化解读与当代传承　/　邵金生
074　金东名人基因与"金东人文精神"　/　丁一平　丁　琢
086　人文精神能照亮经济社会发展的路程
　　　　——论金东区人文精神概述提炼和传承运用　/　何成明
100　培育和弘扬"金东人文精神"的探索
　　　　与思考　/　吐尔文江·吐尔逊
110　金东人文精神与"六事干部"队伍建设　/　方福建
127　金东人文精神怎样成为金东新坐标　/　王娟娟
139　"金东人文精神"与"和美金东、希望新城"的
　　　　发展方位和工作主题　/　徐进科

162　金东人文精神与"两个一体化"建设探究　/　徐益丰

181　金东人文精神与"四大战略"实施　/　陈旭东

196　金东"人文精神"与东湄中央未来区、东孝中央
　　　贸创区、江岭高新智造区三大平台构建　/　曹荣庆

211　后　记

科学精神与人文精神交响中的金东人文精神

董 明[1]

内容提要：科学精神与人文精神既是贯穿整部人类文明史的基本线索，也将是今后继续呈现人类精彩必须处理好的重要关系维度，两者须臾不可分离。在科技发展已经一路狂奔的当下，如何以人文精神"规训"科学精神，成为决定人类前途命运不可不察的关键节点，上至国家下至地方，无一例外。值得欣喜的是，在金东的地方人文精神里，恰好蕴藏着妥帖安放两者关系的精神力量。

关键词：科学精神 人文精神 冲突与融合 金东人文精神

---

[1] 董明：中共浙江省委党校政治学教研部副主任、教授、博士，第十届浙江省政协委员、金东区海内外高层次人才联谊会会员。

这是一个科技大爆发的时代。

人类已经可以飞越50亿公里触摸太阳系的边缘；基因编辑技术已经能够在分子层面改造生命本身；触手之间我们可以连通整个世界……爆炸式发展的现代科技正深刻改变着我们每个人的生活、工作、思维、意义与价值。

在这个物质丰裕、科技昌明的时代，人类对自身人文精神的演进却似乎仍在半途……

一、理解科学精神与人文精神的差异

科学研究及科学精神是人类创造、想象、观察、分析、推理、演绎、归纳等智识活动诸要素的综合呈现，代表了人类更高位阶的生活追求。科学精神与人文精神在两个方面如出一辙：一是批判精神，二是民主精神。科学精神可以概括为实事求是的探索精神和超越前人的创新精神；而人文精神则是在追求人的本性过程中对人的价值、生命意义的追寻，个人自由和共同体的善乃是人文精神的两个重要维度。

然而，人类发展在很多时候，科学与人文却并不同步，呈现出相互矛盾、相互排斥乃至相互对立的情势。两者的冲突，尤其表现在科学哲学对所谓"真相"的铁血追求和人文精神要确保自由之间的张力上，两者难以调和。

面对科技革命的挑战，人类和人工智能并存的未来，很可能比想象中来得快。人工智能的无情、大数据对个人意志的替代以及对人类秩序颠覆的可能前景，将对我们在哲学和法律、制度层

面的既有秩序发起疯狂挑战。未来已来，只是我们还没有做好准备。

另外，人文创新与科学创新也有很多很大的区别。科学的通用性及其无上权威很容易引发唯科学主义倾向。倘若用科学领域内的创新尺度去衡量并要求人文学科，极可能导致人文精神的衰微。

1959年5月，著名英国科学家C.P.斯诺在剑桥大学作的题为《两种文化与科学革命》的讲演中提出了著名的"斯诺问题"——科技知识分子和人文知识分子正在分化为两个言语不通、社会关怀和价值判断迥异的群体，这必然会妨碍社会和个人的进步和发展。解决"斯诺问题"的前提，首先就是正确理解科学与人文的差异。

首先，两类知识探讨的观察维度是不一样的。自然科学对世界以"第三人称"，即旁观者的视角去理解，目标是要把握客观事物的因果关系或背后的机制，发现规律。其思想程序是通过观察、实验获得经验材料，在此基础上构建假说，假说很大程度上需要数学语言表述，接着加以重复验证，或被证实，或被证伪。近代以来，科学主义进路已获得巨大成功，也尽力为我们提供了一幅关于世界的"完整图景"，它也因此逐渐成为自此以降主导性的世界观。

而人文学科的特点则是以第一人称"我"这个参与者、行动者的立场与视角，来反躬观察人类自身及其所生活的世界。其目标不仅是把握事物的因果关系与机制，更要把握意义世界，而意义世界的核心正是价值。德国伟大思想家马克斯·韦伯说：人是悬挂在意义之网上的动物。所以价值、目的、意义、理想这些范畴正是人文学科最核心的关切。在天演的历程中出现了人，在自然主义的宇宙背景下出现了意义世界，怎么处理好自然世界和意义世界的关系？不同的维度，答案并不同一。

其次，为了探索意义世界，人文科学的方法也和自然科学截然不同，因为人类无法拔着自己的头发从地球抽离，而只能更多通过体验、移情、诠释等，试图在对人性的深度感悟和开掘中，阐明意义，创造价值。这正是哲学始终需要面对的最硬核问题，它也因此成为柏拉图《理想国》中对人类救赎的思考源起。

总之，人类至少拥有两套不同的基本探究方式，即自然科学和人文科学；由此发展出的两种精神，即科学精神和人文精神，都是要大力弘扬的；但从中衍生出的两种偏差，即科学万能论和人类中心主义，则是需要警惕和克服的。

科学主义或者说科学万能论，其基本主张是认为用科学方法就可以解决从自然到社会、人生和宇宙的所有问题。但事实上，自然主义进路能够解决部分的事实问题，却无法解决规范问题；能够揭示部分的事物因果关系、规律或机制，却无法揭示人生的意义和价值。科学家们可以精准操控6000万公里外火星探测车的一举一动，但无法阻止近在同一桌参会者的不同报告。

人文研究旨在探索意义世界，指向价值创造。人类有一些基本的价值共识，包括自由、正义、友爱等。如儒家讲仁爱，道家讲自然，佛家讲慈悲。人的尊严，大体就建立在这些基本价值之上，或者说离不开这些价值的必要维系。如果摆不正人在宇宙中的恰当位置，则会发生偏差，进而导致灾难。在历史上的确曾出现过崇拜人类的"人道教"，在当下语境中，特别要警惕的一种偏差正是人类中心主义。虽然1962年蕾切尔·卡逊以一部《寂静的春天》对人类对于大自然无节制的"傲慢"发出了强有力的首次警示，告诫人们不要饮鸩止渴，而应该走"另外的道路"。然而，这一理性的声音终究未能完全阻扼人类的狂妄自大。当下正被全球新冠肺炎疫情而改写几乎一切生活轨迹的人类，我们可否有足够的底气坦然直面当年卡逊那阴郁的眼神?!

二、科学精神与人文精神的融合及其超越

但，人文和科学原本是可以也应当相互融合的。

比如，数学的理性与诗歌的感性之间就有一个共同点，即自由。数学家靠一张纸、一支笔就可以构想世界，诗歌也一样。

音乐和代数自古希腊开始就是关于数字1到7的学问，而几何就像绘画一样，并且是绘画促成了后来射像几何学的诞生。

今天我们强调科学精神与人文精神的融合，至少在中国，有它特定的时代需求：一方面，"创新驱动"是当前中国经济和社会发展的必然方向；另一方面，中国和世界又都同时面临巨大转型。作为世界第二大经济体，中国软实力的相应提升已是题中应有之义，且迫在眉睫。这既要求我们能以新的人文精神、文化自

省，恰当调适原有的精神结构，更需要提供一个能够引领未来世界发展的新的思想框架。

在当今全球化、多元化、网络化、智能化的时代，"科学"与"人文"如何融合呢？

撇开人文精神谈科学和创新是一种迷思，割断与传统的联系谈创新则是另一种迷思。从消极的角度看，传统是创新的包袱；而从积极的角度看，传统却是创新不可或缺的一种"元资源"。真正有价值的创新是和传统紧密结合的。科学与创新不是一味地求新求异，而是需要基本价值的导引。只有那些能够提升人性和人类福祉的科学与创新才是可取的，而那些导致人性堕落的科技与创新则是需要规避的。这里，人文精神的指引须臾不可脱嵌，且指涉的是所有人，因为真正的反思不是一部分精英的事，而需要大众参与其中。

人文思考追求的是意义，离不开良知和智慧来推进。人文领域的创新经常要回到传统，从传统尤其是它的"轴心时代"去寻找回应或解决新时代所面临的诸种问题的原创性资源。这当然并不意味着传统就是完全自足的，或者文化的现代转型可以完全依凭文明的内生资源来实现，事实上，各种文明之间的交融与共生才是人类能够发展至今的真正底层密码。但各种必要的外来文化因素的确也只有在经过清理的、因而也是健康的传统基础之上，才能被"接活"。

从人类文化发展脉络看，大体上经历了三个发展阶段：以神为中心的神本主义、以物为中心的物本主义和以人为中心的人本主义。人类从对神的祈倚，到对物的控制，再到对自身的完善，这就是人类发展的基本谱系脉络。

在以"后工业化"为主要特质的当今时代，信息资源成了一种重要的生产资源，相应地，人类也开始把主要精力从向外界自然的开发转至对自身的智力开发，从向自然界索取转至向自身索取，向自己的智力索取。这样，人不仅是劳动者，而且也是主要的生产资源，或者说是主要生产资源的创造者。人类的生产就在科学的加持下，开始从以物为中心转向以人为中心。

由此，工业革命和科技革命以来，人类在相当长的历史时期内，科学文化、科学精神占主导地位，物本主义盛行；而随着科技的不断发展，尤其信息技术的爆炸性发展，人类社会终将逐步从科学时代转向人文时代，人文文化、人文精神、人本主义将占主导地位。

人文精神将在与科学精神的融合中实现对科学精神的超越与升华。

三、金东人文精神的意义

置于以上人文精神与科学精神的关系辨明，不难发现，作为区域性人文精神，金东人文精神"耕读求真、实干创新、包容奋进"的描述，既蕴含历史人文精神的传承，也体现对科学理性价值的追求，更是对人文精神在现时代的价值意义赋予了超越的期许，反映了金东文化的积淀和传承，展现了金东人在新时代的文化自省和自觉。换言之，这是以一种看似"向后"的姿态却实现了真正"向前"的旨归。所以，以色列新锐历史学家尤瓦尔·赫拉利在《人类简史》里做的一个比喻正是：现代人类社会是用过去的水和面粉制作了今天的面包。

耕读传家、求知求真，让传统的历史文化与科学理性精神有机结合起来。传统文化中的"格物致知""申明事理""多元包容"本身就蕴含着科学求真的基因。更何况，"知书达理""修身养性""耕读传家久，诗书继世长"何尝不是闪烁着人性光芒和人间美好诗意的追求？

理性主义、进步主义和自由民主是现代性的三大基本标准。金东人文精神的12个字，不仅完整包含了"经典现代性"，并且彼此融合、相互贯通，最终实现超越。

金东人文精神与县域治理体系
治理能力现代化浅论

孙裕增[1]

内容提要：包括金东人文精神在内，传统治理思想文化的普遍理念已经融化于县域治理体系和治理能力所依赖的历史、社会思想基础。新时代必须巩固和增强县域治理体系和治理能力现代化的动力机制，学习掌握治理体系和治理能力现代化的透明度、时间表、细节化、数字化等时代特征和实现途径，重点提升和强化资源要素配置能力、行政响应与动员能力以及基本公共服务能力，在县域治理决策、执行、保障及监督各环节协同发力，整体提升县域治理绩效。

关键词：人文精神 治理体系和治理能力现代化特征 关键治理能力建设

---

[1] 孙裕增，中共浙江省委改革办调研员。

治理体系和治理能力现代化是一个持续演进迭代的过程，也是一个传统和现代治理文化继承光大的过程。从这个意义上看，植根于深厚传统文化的金华治理理念、精神，在更多方面影响、渗透治理体系和治理能力现代化进程。地方党委、行政领导及其团队的创新理念、积极举措及艰辛实践，则通常可以有力推动治理体系和治理能力现代化进程。

在传统治理思想文化层面，围绕金东人文精神大讨论，我们可以关注到传统治理思想文化的闪光点。南宋名相、金华先贤王淮于任中初期，即提出"治内"与"治外"相结合的对策，"自治之策，治内有三：正心术，宝慈俭，去壅蔽。治外有四：固封守，选将帅，明赏罚，储财用。"（《宋史·王淮传》）金华学派代表人物吕祖谦也提出："以宽大忠厚建立规模，以礼逊节义成就风俗，此所谓远过前代者也。"针对地方经济财源变动，赞同"工商皆本、义利并举"（《宋史·吕祖谦传》），进一步提出"事功"主张。明朝第一文臣宋濂在上疏中提出："得天下以人心为本。人心不固，虽金帛充牣，将焉用之。""诚以礼义治心，则邪说不入，以学校治民，则祸乱不兴，刑罚非所先也。"（《明史·宋濂传》）先贤们强调治理须教化优先，执政者需要充分修行、自律、自觉，其次辅以赏罚制度及物资财力保障。在清朝历任金华知府中，吴廷琛（1810—1814年在任）、继良（1888—1890年，1895—1902年在任）坚持善政善治导向，治理理念及实践取得明显绩效。后人评价吴廷琛"问民疾苦，锐志兴革"；评价继良"为政勤谨，整饬地方，建设城乡，倡导文教，课士劝农，兴修文物"。继良则自评"以兴举废坠为己任""安土者为民祈福一片诚心""身任地方，责无旁贷"。(《光绪金华府志》)[1]

改革开放以来，随着工业化和城市化进程加深，国际交流融通加快，世界各种治理理论学说相继被介绍引入，社会参与、分权授权、多元治理、共建共治共享等理念开始影响国内各地治理实践，在实际工作中也涌现出积极探索创新的势头。浙江各地尤其是市、县层面，政府职能以及治理体系能力建设发生了深刻变化，也面临各种机遇和挑战。观察这一过程，立足于治理主体责任，并聚焦于县域治理体系和治理能力现代化，无疑具有重要的现实意义。

一、激发县域治理体系与治理能力现代化动力

在不同的地理空间、人口规模以及经济活跃程度条件下，治理幅度、深度显著不同，县域治理体系和能力现代化进程呈现一定差别，必须梳理、整固和增强县域治理体系和能力现代化动力。

首先，落实和扩大县级自主权。现有法律法规，基本赋予县

---

[1] 金华先贤担任地方治理大员代不乏人，在地方治理实践中留下了大量治理经验和见解。唐仲友（1135—1216），历任信州、台州知府，以善政闻。在台州任期间，条具荒政之策，"令富室有蓄积者，官给印历，听其举贷，量出利息，侍年丰，官为收索，示以必信，不可诳诱。上从之。锄治奸恶甚严。"（黄宗羲，《宋元学案·说斋学案》）这种以信用为基础的"荒政"治理措施，一直影响到了近代工业化时期的浙江各地。

级政府处理经济社会具体事务领域内的决策权和较大规模的社会动员力。县域经济竞争条件下，扩大县级自主权可以起到积极作用。这种基础性制度安排，有利于县级政府依法下达乡镇（街道）任务、事务处置项目以及其他建设目标，在治理关键领域实现自主创新。如农村垃圾分类治理（表1）。

表 1　垃圾（农村）分类治理模式比较

	传统方式	金东创新做法
决策	城乡分离	城乡联动，定点投放，村收镇集。
执行	家庭自主	县乡政府、村民委员会、村小组、家庭分工负责，志愿者服务。
保障	家庭承担费用，资源利用程度低。	"财政补贴+村集体开支"，基本消化费用。资源化程度逐步提升。
绩效	环境改善有限	环境显著改善

其次，在行政层级管理上赋予县级责任机制。浙江从改革财政体系开始，实行省直接管县的体制，并进一步延伸到人事、经济社会、生态等行政管理领域，嵌入县级责任机制，构筑权责一致体制，取得显著绩效。在省直接管县体制下，不仅实现市与县的扁平化管理，促进县情直接上达省一级，也促进省级重大决策部署直接下达到县区，在应对重大公共卫生及其他紧急风险情况

下，较好地实现了信息透明、执行高效，反之也大大有利于省级重大决策部署更符合各地实际。如县城创新集体土地治理（表2）。

表2 集体土地治理模式比较

	传统方式	县域创新做法
决策	启动土地利用规划修编，农用地转为建设用地征地。	规范土地利用规划修编，实施分类分区管控；推进集体建设用地直接入市；建立集体土地家庭永久承包制度。
执行	以包代管，以租代征。	探索集体土地使用权流转，集体土地承包权入股；建立宅基地"三权"分离机制；发展集体物业。
绩效	用地补偿标准过低，侵占耕地，模糊承包使用权边界。	公平利用集体土地；拓宽农村居民可持续收入来源。

最后，创新运用以治理绩效为导向的激励约束工具。上级政府对县级政府绩效考核评价，健全改革创新容错政策，建立起切实管用的、符合职业声望的激励约束机制，通常有利于县级政府行政领导付出巨大努力，争创优秀，并组织开展符合当地实际的各类探索、创新，进一步向下传达压力，总体上提升县域治理水平。如县城创新债务风险治理（表3）。

表3 债务风险治理模式比较

	传统方式	县域创新做法
决策	规模计划,谁借贷谁负责。	建立财政风险预警机制;发展直接融资,规范债务融资平台;分类分层处置,破产重整。
执行	银行业金融机构为主消化和承担损失。	实行混合基金权责一致契约;银行坏账移交处置核销;发新债还旧债;债权债务打包出售。
保障	政府兜底	风险补偿;资产变现;主管问责。
绩效	预算软约束,公共开支缩减下降,区域整体福利收敛。	预算硬约束,保障公共开支,区域整体福利改善。

与此同时,需要推进干部队伍以"执政为民""造福一方"为核心价值的职业修养与道德自觉,坚持不懈地培育以善政善治为导向的人文精神。企业和居民不断增长的诉求、需要及期望,促进县级政府行政决策、统筹协调、资源要素配置等,在优化过程中集中于先进行业、领域及团队,创造更多的产出及进步,在舆论压力下,提升经济社会生态治理能力。

二、聚焦治理体系和治理能力现代化关键重要领域

现有治理研究主要聚焦政府在转型过程中,经济、社会、生态等领域治理的基本思路、基本内容，给出相对具体的应对举措。而聚焦县域范围内治理体系和治理能力现代化进程，包括基本特征以及推进这一进程的路径和方法，具有紧迫性和必要性。

（一）提升政务信息公开化、透明度

政务透明度彻底颠覆了"民可使由之，不可使知之"的传统极端治理理念。行政体系内的政策、规划、统计、基本规则以及管理范畴内的信息，需要主动及时公开，并促进所有企业、社会组织和居民个人便利获得，这是县域治理体系和能力现代化的重要标志之一。

原则上，加快编制并公布实施政务信息公开化的标准，是推进政务透明度的有效途径。"十三五"以来，浙江部分县（市）、区率先围绕法定公开的政务信息内容，分门别类，编制了信息公开的地方标准以及相应清单，并在实践中加以完善。责任部门和同级政府部门依照标准，及时公开和更新信息。尽管土地征用、拆迁补偿、支农补贴、政府优惠措施等敏感信息，在各地存在具体内容差别，但从标准和清单视角，规范了政务领域信息公开的基本程序和行为，确保在治理前端和行政诉讼发起阶段避免程序不当。

在应对重大公共卫生事件以及其他重要区域性风险事件中，保持政务信息公开、透明十分重要，除了执行必要的公开标准外，不同县（市）、区针对敏感领域，还制定了特定的程序和规则，并与依申请公开的法律规定一致，其目的是保护国家利益、公共利益以及商业秘密、个人隐私。

发言人制度、新闻发布会制度以及融媒体中心的设立运行，可以从体制上解决政务信息公开、透明的有效载体以及常规化问题。值得注意的是，融媒体中心在政府门户网站、社交媒体、广播电视、关键位置视屏幕等可以较快实现权威信息更新，以防止虚假、不当信息肆意传播，需要进一步开发、建设和维护。

（二）贯彻时间表和任务书要求

时间表和任务书改变了传统治理方式中模糊承诺、责任不清、边界不明以及结果不可验证等惯性，是治理体系现代化的重要体现。时间表和任务书主要是给予乡镇（街道）政府、农村（社区）基层政权组织、企业、各类社会组织、志愿者以及居民个人建立预期，便于其整合资源，做出判断和决策，并且由此承担各自责任。

从浙江实践看，普遍的时间表和任务书规则，主要基于行政负责人勇于担当意识、优先目标、协同机制。勇于担当意识，既与个人修养立身、道德高度自觉相关，也与干部激励与创新容错制度保障关联，多年来，浙江部分县（市）、区党委、政府主要领导晋升渠道畅通，待遇得以保障，省与市、县（市、区）相继出台改革容错政策，进一步激发其担当精神。优先目标，包含省级政府公开承诺，当地群众呼声强烈，财力物力等各项条件相对具备，绩效可验证。协同机制，包括前期框架梳理、事先沟通妥协、事中协作互补、事后共享荣誉。

在县域治理体系中实现时间表和任务书的常规化、制度化，按照分类分层原则，主要通过人大审议、人大票决、目标责任制考核、离任审计与专项审计以及第三方绩效评估等途径实现。具体来讲，时间表和任务书涉及经济增长目标、公共预算收支等，需通过人大审议；涉及基本公共服务年度急优先项目，主要通过人大票决；涉及环境保护与自然资源利用，主要通过离任审计、专项审计；涉及农村（社区）非诉讼矛盾纠纷调解处置，主要纳入部门目标责任制考核；而涉及营商环境改善、社会参与、重大制度管理创新，主要依靠第三方机构的绩效评估。

（三）抓好细节化和可验证

细节化在省级以上治理体系转型中已经被置于重要位置，在县域治理体系现代化进程中成为又一重要标志。细节化以其具体性、差异性和可验证性，深刻地改变着传统治理方式下的大而笼之决策、原则导向、经验操作、单一主观评价等陈规旧习，通过精准施策，持续提高治理绩效。

细节化有赖于尊重事实、建立结构以及分层分析。以土壤治理为例，必须建立详细的土壤调查机制，形成常规土壤和受污染土壤结构。在常规土壤条件下，又分为继续耕种与轮休。在继续耕种类土壤，建立测土施肥机制，精准提高肥力；对轮休土地，则必须基于肥力下降等事实。针对受污染土壤，基于污染因子分析机制，又分为化学污染与非化学污染，在化学污染上必须认清污染源，从而精准施策。再如金东区等县（市、区）成功实施的

"无证明城市"改革,首先梳理法律法规和重要行政管理政策所形成的12000余项证明事项及材料,然后对高频事项的依据、流程、证明来源、提交方式、办事期限等具体行为加以判断,每一类项细化各种办事场景,仅公安系统就按户籍、治安、交通、网络等管理类别,梳理形成144项优先处理的证明事项及材料,分别按取消、合并、政务平台后台校验、当事人承诺等方式予以创新,精准做到"减证便民",极大增强了企业和居民办事获得感。

实现县域治理体系上的细节化,需要在精准导向、边界意识和分析合成上发力。精准导向是指在制度框架和基本职能明确的条件下,更多地挖掘当地经济社会生态领域的具体事实、事件、数据及案例,突出差异性、多样性。边界意识是指注重在县域权限范围内,把握政策工具的有限性,治理成本以及公共预算硬约束,市场边界和企业、社会组织及居民个人的合法权益。分析合成是指将大量具体事实、事件分门别类,纳入既有政策措施或者创新工具之中。

(四)加快数字化转型

事实反复证明,数字化转型是县域治理体系和治理能力现代化的题中应有之义。基于专业市场形成的海量数据,部分县(市、区)编制公布了小商品、轻纺制品、塑料、茶叶、模具等区域性、全国性指数;基于行政审批和特别管理措施清单的场景化梳理数据,所有县(区)建立了在线受理、"一网通办"审批便利化体系,特别是基于重大传染病监测、防控等海量数据,各地编制公布了疫情图、复工图，以及个人健康码、企业和机构的专业码等。这些实践举措，在生产、交易和物流秩序治理，在复杂的政府部门协同审批，在重大公共卫生应急管理等领域无疑取得了巨大治理绩效。

原则上，加快数字化转型，需要在行业管理、区域管理体系内建立必要的数据规则规程和安全的共同技术平台。建立在地方立法或者行政性规章基础上的数据规则，主要解决数据需求和数据提供责任，行业管理数据仓、数据库采集更新及数据质量保障，数据交换约定，数据开发利用守则等问题。共同技术平台则必须坚持可扩展、可兼容、便利性和安全性，行业垂直管理技术平台应在更深层次上满足县域治理体系和治理能力现代化进程的预测需要，生产事故、信用、生态数据等区域性大数据平台应及时响应行业垂直管理的信息要求。

标准化成为县域治理体系和治理能力加快数字化转型的可靠途径。原则上，所有公共数据仓、数据库以及数据交换都应当制定标准体系，践行标准协同及标准改进。以浙江省率先公布实施的基本建设档案归档数字化标准为例，除了规范归档材料的一般性清单外，还规范了行政审批和法定竣工验收电子文件、电子设计图纸、电子签名、电子印章等规程，既执行了电子文件的法律效应规定，还大大促进了治理领域传统文件的数字化进程。[1]

三、强化法治化条件下治理关键能力建设

与县域治理体系和治理能力现代化进程相适应，依法治理无疑是必要的基础性条件，但相关立法、司法权限主要集中于省级以上立法、司法机关，部分放权于大城市和区域中心城市、民族自治区域[2]。原则上，在法治化条件一致的情况下，更应注重补短板、强弱项，加强县域重要治理能力建设。

（一）提升资源要素配置能力

在治理能力框架中，资源要素配置能力主要基于县域经济社会生态领域治理实践的治理成本约束。在总体格局下，多数县（区）的税源、税基并不巩固，在一个县（区）内，居民个体的

---

[1] 浙江省目前保留的460项行政许可事项，依照事项名称、依据、申请材料、办理期限、送达方式、咨询途径及流程图等编制公布了相对完整的操作标准，并在政务服务网和各行业垂直管理系统贯彻执行，夯实了行政审批数字化转型的基础。

[2] 从浙江实践看，制度变迁以及市场化进程中，围绕经济社会生态领域治理，由基层政府及相关组织提出的许多创新举措，取得较好效果，并且逐步上升为省级以上立法、行政性法规以及党内规章。例如，围绕农村居民建立合作组织及其权利责任，浙江省首个立法《农民专业合作社条例》，并推动全国立法；围绕农村财务开支及项目建设治理等，武义县探索出了农村村民监督委员会新形式，并且成为国内所有村级规章；义乌探索跨行业、跨企业的工会法律援助组织，为所有会员提供无差别的法律咨询及诉讼援助，被推广成为全国各地新时代工会法律援助体系重大创新。

相对富裕与公共预算不足并存，导致公共债务居高不下，迫使县级财政常常处于风险预警边缘。因此，相当长一段时间内，加强县域资源要素配置能力建设十分重要。

首先，要积极营造制度创新氛围，改善制度要素供给。在大众创业和科技型创业、互联网创业并存条件下，着力于现代市场体系建设，营造公平公开的市场秩序，是市场治理的关键举措。要聚焦于资金、技术及人才市场的透明度、便利化，满足所有创业者融资便利、交易便利、市场退出便利需要。要格外关注家庭创业、合伙创业及股份制合作创业，行政审批范围内的事项运行要有利于这些企业顺利渡过创业期（一般定义36个月）。

其次，要运用好规划及空间管制工具，引导关键要素向优势行业、领域和企业集中。县域范围内城市化进程与传统乡村复兴给空间规划与管制带来巨大挑战。就金衢盆地而言，中央政府赋予的低丘缓坡改造和用地审批权下放改革，创造了巨大的潜在发展空间，必须深化新增工业用地按"标准地"出让改革，科学实施土地片区价格调整，注重单位土地产出监督和信用惩戒，努力改变低效用地。依法推进集体建设用地直接入市创新，支持农村"能人"公平使用集体建设用地。健全禁止开发区域补偿机制。

最后，要运用好有限的政策工具，健全激励与约束机制。善于用好预算资金，以政策性融资担保体系、地方银行业机构为重点健全风险补偿办法，适时兑现贴息政策，化解重要企业应急资金周转困难。善于用好社会保险费企业缴费政策，在外部环境急剧不利的情况下，及时给予企业一定期限的缓交费、免征费支持。善于用好部门、乡镇（街道）干部的晋升及津贴补贴制度，完善干部改革容错政策，确保安全、生态环保、基层矛盾纠纷等领域治理决策贯彻执行。

与此同时，还要重视加强与上级政府、同级政府的沟通协调能力。就县域而言，主要是加强与上级政府在税收分成、财政收入超基数分成、财权与事权改革等关键领域的谈判能力，在线性公共工程、重大生产力布局等环节上争取资金投入的能力。在省级以上经济技术开发区（园区）享有县级政府权限的情况下，政务服务的质量、水准和实效成为县级政府与开发区（园区）管委会竞争力的焦点，谁竞争力强谁就拥有较多的资源要素配置权。

（二）增强行政响应与动员能力

在治理体系现代化进程中，一般情况下行政动员的作用非常有限，但在面对重大公共卫生及其他重要区域性风险事件时，规模化、有深度的行政动员却会产生巨大的集合作用。必须关注的是，行政响应与动员能力有一个迭代升级的机遇期，既有研究观察到了这一点。[1]

在现代性上，县域行政动员能力越来越有赖于社会价值观、

---

[1] 研究者认为，长远看，运动式治理有待于通过"确权"与"确责"等形式完善政府职责体系，进而由"强控制-负激励-弱谈判"式动员转向"间接控制-正向激励-合理谈判"新路径。（赵聚军、王智睿，2020）

普遍精神的重塑及强化。与强调权利与义务对等原则不同，传统行政动员更多地基于类似"守望相助""一方有难，八方支援"的共同价值观，进一步提升"各人自扫门前雪""守土有责，守土有方"的普遍精神，并且代代相传、绵延继承。在多元主体参与治理的现代条件下，亟须重塑和强化"义利并举"、反贫困、公益慈善、"义工银行"等具有现代性的社会价值观，加强知识普及和项目实践，形成普遍精神。

原则上，县域行政动员能力建设包含着一定的保障体系建设要求。制度保障处于建设核心，动员实施过程涉及国家征用，而征用要有补偿制度。如在"五水共治"重大创新实践中，对工业废水治理，建立了中水回收利用奖补、排污费按比例下降等制度，出台了小微企业园区重建替代"五小"企业布局的优惠支持政策，实施了农村污水集中纳管和农村垃圾分类"户收镇集"工程计划等，这些制度政策为规模化的行政动员提供了保障。同时，财力物力保障不可或缺，为应对重大自然灾害及灾害治理，必须建立必要的预算响应机制和完备的应急物资储备体系，优化灾害监测、科研及防控的设备条件、人才条件，改善经济薄弱地区公共开支。

从更广意义上看，还必须注重行政动员不同阶段的能力迭代升级，动员发起阶段要提升统一指挥协调机制和能力，动员实施阶段要强化监督、反馈及修正能力，动员结束阶段要加强评估及改进能力。

(三) 强化基本公共服务能力

基本公共服务能力建设在县域治理体系和治理能力现代化进程中日趋重要。基本公共服务与经济社会生态领域风险治理相辅相成，公共治理绩效在县域民生福利改善上集中体现出来，居民需要获得实实在在的利益，并且因此而更加支持、积极参与各种治理活动，从而形成和巩固现代治理的社会基础。

首先，必须规划设计好基本公共服务体系。在传统县域善治案例中，主要官员离任，出现"遮道阻车""遮道欢送"情景，其共同点包括因巨灾而成功减免若干年的赋税、劳役，在刑罚处理上"宽严相济"，兴修水利工程，改善道路和桥梁，扩建新建学校，新建育婴、托孤、扶老场所等，多数属于现代意义上的公共服务项目范围。今天，立足于转型时期的财力状况，基本公共服务体系主要包括教育、就业与社会保障、卫生保健与医疗、养老服务、公共安全、公共交通、低成本住房及残疾人保障8个领域。这些服务领域的持续改善，有利于熨平转型时期和经济困难时期的社会波动。

其次，着力提升基本公共服务的覆盖面、效率与质量。公共服务的普惠性、可及性，决定基本公共服务体系必须提高覆盖面，重点是贯彻城乡统筹理念，改善经济薄弱地区、家庭的平等享有。

在现代性上，基本公共服务还必须贯彻成本控制及成本分担机制理念。[1] 一方面，通过建立与服务供给方的谈判机制，提高整体支付能力；另一方面，基于权利与义务对等原则，满足不同家庭的差异化需求。进一步，还必须处理好基本公共服务的公平与效率关系，公平公益是根本属性，效率是一定激励机制下的增益，因此在基本公共服务体系中嵌入一定的激励机制也未尝不可。

最后，必须持续改善基本公共服务的预算绩效及绩效评价。原则上，基本公共服务能力与公共预算支出增长正相关，但在许多情况下，支出增长在居民主观上并没有带来服务能力提升的感受。这一状况，促使投票者、决策者越来越重视基本公共服务的预算绩效及绩效评价。以农村公交线路调整为例，政府赎回线路经营权，增加预算开支，相应的便利性、舒适性和低成本理当纳入绩效目标，并建立规范的监督和信用惩戒机制。类似的，在每一个具体项目上落实预算绩效目标极其重要。基于公开、透明以及可评价原则，需要积极探索将基本公共服务项目纳入政府采购目录及监督体系之中，进一步提高基本公共服务能力和全社会诚信水平。

---

[1] 金华地区各县（市、区）多年来建立的财政补助与个人缴费相结合的大病保险制度（非职工医保参保人员）具有典型意义。每一年度个人按自愿原则购买1~3份大病保险，在规定大病费用内享有不同比例的报销水平，适应了不同支付能力家庭的保障需要，既提升大病保险的整体支付水平，也改善了居民家庭的获得感。

初步研究表明，包括金东人文精神在内，传统治理思想文化的珍贵理念已经融化于新时代县域治理体系和治理能力所依赖的历史、社会思想基础。更加重要的是，必须巩固和增强县域治理体系和治理能力现代化的动力机制，学习掌握治理体系和治理能力现代化的时代特征和实现途径，本着补短板、强弱项的原则，重点提升和强化资源要素配置能力、行政响应与动员能力以及基本公共服务能力，在县域治理决策、执行、保障及监督关键环节协同发力，整体提升县域治理绩效。

参考文献：

艾琳，王刚，2015. 重塑面向公众的政务服务 [M]. 北京：社会科学文献出版社.

柴松岳，2003. 政府改革 [M]. 杭州：浙江人民出版社.

方民生，等，2000. 浙江制度变迁与发展轨迹 [M]. 杭州：浙江人民出版社.

郭玉清，等，2020. 地方政府债务治理的演变逻辑与转型路径 [J]. 经济社会体制比较（1）.

马庆红，谢菊，李楠，2019. 中德政府与社会组织关系特征的比较分析 [J]. 经济社会体制比较（6）.

维克托·迈尔-舍恩伯格，肯尼思·库克耶，2013. 大数据时代 [M]. 盛杨燕，周涛，译. 杭州：浙江人民出版社.

吴桂英，2010. 浙江省农村社区建设研究与实践 [M]. 杭州：浙江人民出版社．

赵聚军，王智睿，2020．职责同构视角下运动式环境治理常规化的形成与转型［J］．经济社会体制比较（1）．

周红云，2016．全民共建共享的社会治理格局：理论基础与概念框架［J］．经济社会体制比较（2）．

邹东涛，2008．中国改革开放30年（1978—2008）［M］．北京：社会科学文献出版社．

金东人文精神理论
与实践研究

金东人文精神的理论渊源与创新

李 英[1]

内容提要：在新的历史时期，"耕读求真，实干创新，包容奋进"的金东人文精神，有着源远流长的理论基础和勇于实践的创新发展。本文从"婺学"渊源看金东人文精神，探讨与浙江精神、金华精神有机统一的理论体系，总结让金东迸发活力的创新精神，为金东人文精神提供丰富的历史传统和深厚的文化养分，使其承载金东人民高度的价值认同、文化认同和情感认同。

关键词：人文精神 理论渊源 婺学 创新

站在新时代的历史方位上，金东人民正在奋力谱写"和美金东、希望新城"新华章。回望金东建区近二十年来的发展历程，

---

[1] 李英：金华市作家协会主席，浙江理工大学人文传播学院兼职教授。

有一种力量——金东人文精神，始终流淌在金东人民的血液里，引领着金东人民乘风破浪，勇往直前。在新的历史时期，发扬"耕读求真、实干创新、包容奋进"的金东人文精神，审视梳理和传承发展金东人文精神，使之成为金东伟大实践的哲学基础和文人精神。

"耕读求真、实干创新、包容奋进"，一方面源于金东深厚的优秀传统文化，另一方面则源于金东改革开放的生动实践，是金东历史文化从传统到现代转型的创造性转化与创新性发展，是金东人民建设"和美金东、希望新城"，不忘初心，牢记使命，赓续文脉，砥砺奋进，开拓创新的真实写照。

从"婺学"渊源看金东人文精神

在历史长河中，金东人民创造了源远流长、博大精深的优秀传统文化，为金东生生不息、发展壮大提供了强大的精神支撑。中华优秀文化所蕴含的丰富的哲学思想、人文精神、价值观念、道德规范，滋养了当代金东人的精神世界，提振了当代金东人的精神力量。金东人文精神首先在"婺学"中得到孕育和形塑。

金华，自秦王政二十五年（公元前222年）建县，已有2200多年的历史，因其"地处金星与婺女两星争华之处"得名金华，素有"小邹鲁"之称，群星璀璨，不仅是外界对金华文化的认可，更是金华自身的文化实力、文化情怀和文化自信的集中体现。

从"婺学"渊源看金东人文精神,"耕读求真、实干创新、包容奋进"可谓金东人民的一以贯之之道,是和美金东优秀传统文化之源,是金东历史文化传承的根本之基。

金东人文精神的理论渊源和文化基因,首先来自源远流长的金华学术思想——婺学。在新的历史时期,弘扬和传承婺学的基本精神,审视并梳理金东人文精神的"婺学"渊源,对于传承好、发展好与时俱进的金东人文精神,无疑具有重大的理论价值与时代意义,因此,我们可以探源婺学形成的传播过程和学术精神。

古婺州是一个文化区域概念。自宋南渡以来,金华的艺术与文学大盛,乃有"小邹鲁"之称。宋时金华有三大学集,即以吕祖谦为代表的"东莱之学"、以陈亮为代表的"事功之学"以及以唐仲友为代表的"经制之学"。入元以后,上述三家后学不盛,而以金华许谦为代表的"北山四先生",秉承朱学正脉,后学大盛,遍及南北。

当代学者莫砺锋曾说:"如果我们把儒家思想视作中国传统文学中最为核心的内容,那么朱熹堪称是仅次于孔子的古代圣哲。"朱熹集宋代理学之大成,而朱之后学,枝繁叶茂,宗派林立。其中金华一支,经由得朱熹亲炙的子婿黄榦,传至何基、王柏、金履祥、许谦等所谓"北山四先生",再传至黄溍、柳贯及吴莱等"金华三先生",之后宋濂、王袆、戴良、胡翰等承其统绪,被称为"四先生"。这一脉有姓有名可考者多集中于金华(府)或(婺州路),并以金华为中心辐射到处州、台州、温州及衢州等东南之地，而成为声名远播的"金华文派"。

"以民为本"的政治观。要求施政者以人为本，勤政爱民，保民利民。历史上的"婺学"家大都信奉儒家传统文学，"仁者爱人""民本仁政"的观点深深扎根于他们内心。吕祖谦治学的特点是经史并重、文道并重，道德与知识并重，性理与事功并重。吕祖谦不仅提出了"取民有制"的理论，而且力求使之得以实施，让百姓有一个"息肩之日"，就是"以民为本"政治观的体现。陈亮从自己读书经商并行的经验出发，憧憬"官民一家""农商一事""商藉农而立，农赖商而行"的和谐社会，就是"以民为本"的观念。"北山四先生"之有所宗、博学多识、讲究宗法、注重道统，因而婺州古代学者多有博学美誉。

"尚义重气"的价值观。"义"注重全局、整体利益与道德诉求，"气"和"利"相通，重气则养利，则考虑个体利益与自由结合。金华学派尚义重气推崇乡贤。金华本是文献之邦与礼仪之邦，金华学派非常重视德行、推范文，如元时金华有四贤书院，祀"北山四先生"，强调四先生对婺州学术与教化的考究。

"和合兼容"的文化观。婺学源远流长，灿烂辉煌，一贯倡导"和合兼容"的理念。金华山儒释道三教共处，互融共促是"和合文化"的一个典范。金华学派经史并重，包容合和，而又特擅文学。"北山四先生"以《四书》为关注核心，著书立说，对历史尤为重视，具重道而不废时文，都有很高的文学造诣。金东人文精神中的"包容奋进"，无疑是对"婺学"中"和合圆融""兼容并包"文化观的传承与弘扬。

"求真务实"的实践观。这也是婺学精神的哲学基础。吕祖谦本人学术思想的宗旨,不"尚奇"、不"尚胜"、不"尚新"、不"尚异"而务求安、求是、求常、求达。金华学派躬行实践,经世致用,金华学者将朱学思想转化为实践的教身。金东人文精神的"耕读求真"正是这种精神的真实写照。

"实干奋进"的事业观。金东人无论处在哪一个时期,日常劳作,务农经商,建功立业,均有一种勇于担当、矢志有为的精气神。陈亮总结了古代王朝兴衰的周期律,对一代王朝始则奋发、中则怠惰、晚则腐败的运行表示了深深的忧虑,并为挽回这种趋势做了大量思考,并尽其所能地提出了许多改革方案。其思想中不乏艰苦创业理念。金东人文精神中的"求真实干奋进"正是基于这种哲学思考。

"万物一体"的生态观。在对待人与自然的关注问题上,浙江先后有"人我共生,天人合一"的情怀。吕祖谦把"理"或"天理"作为自己哲学思想的最高范畴,提出了"天理感应"说。吕祖谦认为,"理"或"天理"既是自然界的最高原则,又是人类社会的最高原则。他认为,人类和动物相处在自然世界中,都是由"天理"决定的,是"自然定分"。唯其自然,才成为生动的世界。自然界是如此,人类社会也是如此,天下事必须"循其天理,自然无妄"。如果不循正理,"天理"就会"降之以灾"。陈亮认为,"功到成处,但是有德;事到济处,便是有理",任何成功的事功，必然暗合内在的天道，因此要从已然的事实出发，强调实践和效果的必需。因此，积极的意义在于所蕴含的人与自然、人与社会的一体同在，和谐共存的思想，给我们提供社会可持续性发展的学术资源与理论启示。金东人文精神正是遵循"万物一体"的生态观，在新的历史时期去创新创造，达到构建"和美金东"之目标。

金东人文精神，正是婺学的传承和发展，给金东人文精神以传统文化的涵养，金东人文精神源于金华浓厚的优秀传统文化。金东自古以来，勤耕苦读，学风笃厚，崇文向善，修身齐家，传承文化，都体现了金东人民的优良品质和守正求真的人文传统，体现了"婺学"以人为本的仁爱精神、经世致用的创业精神、重文守信的信义精神、多元兼容的和谐精神。因此，我们需要秉持金东人文精神，传承与弘扬历史上"婺学"崇尚事功、追求真理的"求是精神"。

新时代，金东要在"和美金东、希望新城"的征程中再谋新篇、再立新功，就要继承发扬敢为人先的创业创新精神，有勇立潮头的胆魄和气势。

与浙江精神、金华精神有机统一

金东人文精神与浙江精神、金华精神有机统一，发挥了新时代的精神动力作用，成为金东改革发展的精神财富。

浙江是中国革命红船的起航地、改革开放的先行地、习近平新时代中国特色社会主义思想的重要萌发地。习近平总书记在主政浙江时期，亲自组织了浙江精神的讨论提炼，亲手擘画并实施"八八战略"，创造了高速度发展的"浙江现象"，创造了全国关注的浙江经验。习近平总书记凝练、概括、期许的"求真务实、诚实和谐、开放图强"和"勇立潮头"的浙江精神，成为浙江改革发展的强大动力。

浙江精神作为浙江地域文化精神的集中体现，暨是历史，又是面向现实的，它与红船精神具有一脉相承的关系。红船精神，包含了开天辟地、敢为人先的首创精神，坚定理念、百折不挠的奋斗精神，立党为公、忠诚为民的奉献精神，其关键词"首创、奋斗、奉献"都和浙江精神高度一致，在精神高度、思想内涵和价值取向等方面，浙江精神和红船精神是内在统一的关系。

浙江精神是中国精神的缩影，呈现出具有普遍性的市场经济的基本伦理意识，展现出了中国发展具有普遍性的东西。从注重"勇于创新"，到"诚信和谐"，再到内涵更为丰富的"以创业创新为核心"的浙江精神表述，充分体现了浙江敢闯敢试、勇立潮头的浙江精神。

新时期金华精神传承发展了金华历史文化，客观总结了金华改革发展的实践经验。"信义和美、拼搏实干、共建图强"的金华精神，与"干在实处、走在前列、勇立潮头"的不懈追求气息相通，是新时代金华发展的新指引。弘扬和践行新时代金华精神，对于金华市优化人文环境、激发发展动力、明确目标路径都具有十分重要的意义,为"打造增长极、共建都市区,当好答卷人"提供了强大精神动力。

以"耕读求真、实干创新、包容奋进"为主要内容的金东人文精神与浙江精神、金华精神相统一,同时也从浙江精神、金华精神不断获得文化信息的力量源泉。弘扬和实践金东人文精神,要秉持作为浙江文化核心和精髓的"浙江精神",延续作为金华传统文化和改革发展核心的"金华精神",与时俱进地推动金东文化创造性发展,激发金东人民的无穷智慧和伟大创造力,开辟金东更加美好的未来。

创新让金东迸发活力

习近平总书记指出:"在5000多年文明发展中孕育的中华优秀传统文化,在党和人民伟大斗争中孕育的革命文化和社会主义先进文化,积淀着中华民族最深层的精神追求,代表着中华民族独特的精神标识。"金东精神彰显的求真精神、担当之志,展现的人文素养、科学精神,也有鲜明的时代气息和创新实践。

人是物质性的存在物,也是精神性的存在物。以"耕读求真、实干创新、包容奋进"为核心的金东人文精神,是金东历史地生成的地方区域文化精神,一方面是发展的精神动力,另一方面是文化精神物质,是金东人文传统和改革发展的一个重要特色,集中体现了文化创新、改革创新、实干创新、创业创新。

　　文化创新是金东人文精神的灵魂。在文化越来越成为一个区域提升综合实力和软实力重要因素的今天,历史和文化留给我们的各种资源,是金东创新发展的精神源泉。金东文化灿烂,历史悠久,积淀深厚,为金东孕育出了一大批杰出的人才,而且金东传统文化源远流长,物阜民丰,具有独特的民风民俗。金东人文精神正是金东历史文化的传承和创新。

　　从改革发展看金东人文精神,"改革创新"是金东持续快速发展的生动体现。

　　金东人深知,"不改革就落后、慢改革也落后"。只有坚持改革、创新、开放"三轮驱动",才能将改革进行到底,最大限度释放改革红利。改革创新,仿佛是金东大地盛开的美丽花朵;改革创新,已经成为金东发展的引领;改革创新,正在汇聚起深沉而磅礴的力量。也许,金东建区近二十年对古婺州只是一个瞬间,对金东却是一个时代,一个创造奇迹的时代。在金东这片希望的田野上,正在崛起一座生机勃勃的现代化新城,向世人展示它的大气、壮美和绚丽,它改变了城市、改变了乡村、改变了生活、改变了观念。

　　实践发展永无止境,实干创新未有穷期。金东区坚持以发展为第一要务,坚定不移贯彻新发展理念,推动高质量发展。

　　金东区正以实业为能动、农业为基础、科技为支撑、文化为纽带、旅游为特色、健养为目标,全力打造现代化都市区的"大花园""大景区"。从金东的创新发展，我们看到了经济之荣、环境之绿、文旅之富，我们看到了金东发展的活力和勃勃生机。

近二十年来，金东区"实"字打头，"干"字当头，坚持以发展为第一要务，坚定不移贯彻新发展理念，推动高质量发展。金东垃圾分类提供了"中国方案"，农村居家养老成为"中国典型"，"一校一品"特色教育评为"中国示范"，"标准地+承诺制"提升为"省级标准"，金东机构改革走在全省前列，金东区获评全省美丽乡村示范县。

当前，我们更需要弘扬"实干创新"的金东人文精神，培育和美与共的情怀，彰显实干创新的氛围，使金东站位更高、视野更宽、格局更大，在历史、现实与未来的三个维度，累积变化，持续进步，创新发展。

从历史机遇看金东人文精神，"创业创新"是金东书写新时代的必然要求。百舸争流，奋楫者先。金东人以全局的视野抢抓机遇，以开放的胸襟推进发展，在更大范围、更广领域、更高层次参与国际国内合作与竞争。金东人以海纳百川的包容和大开放的修养，推动金东干部群众提升国际视野、文明素质和人文情怀，展现金东人民的文化自信和精神气质。金东人以奋进、图强精神，保持敢为人先、克难攻坚的气魄，以奔流不息、再上一层楼的追求，开放包容，敢于担当，争创一流，砥砺奋进，书写新时代、新金东的优秀答卷。

金东区秉承全域统筹、一体发展理念，以提高城乡居民幸福指数为立足点，以新型城镇化为突破口，大力推进全域城镇化、发展一体化、产业协同化、服务保障均衡化和农村资源资本化，促进城乡产业同步转型、城乡建设协调推进、城乡民生均衡提升，打造城乡一体融合发展先行区。同时，金东牢固树立"以人民为中心"的发展思想，坚持把实现好、维护好、发展好最广大人民的根本利益作为一切工作的出发点和落脚点，每年抓好民生实事建设，推动改革发展成果更好地惠及广大人民群众。

一个个不断涌现的基层创新，激荡着新时代最活跃的改革因子；一步步不断探索的坚实脚印，凝聚着金东人民的智慧和力量，"金东经验""金东实践"像飞扬的蒲公英一样向全省、全国播撒，成为全国生动的范例和时代的记忆。

总之，"耕读求真、实干创新、包容奋进"这十二个字，淬炼了金东优秀传统文化，为金东人文精神提供了丰富的历史传统和深厚的文化养分，承载着金东人民高度的价值认同、文化认同和情感认同。金东人文精神既是历史积淀、文化传统的精华，也是金东近二十年来改革发展的生动诠释。

在金东人文精神的实践中，金东正在实施"实业兴区、创新强区、生态立区、人文富区"四大战略，朝着"和美金东、希望新城"新征程奋进，谱写建设"重要窗口"的金东新篇章。

可以预见，金东人民以金东人文精神为动力，在"和美金东、希望新城"的新征程上，沿着习近平新时代中国特色社会主义思想的指引，迈向未来，春暖花开。

参考文献：

卢敦基，2006. 人龙文虎——陈亮传 [M]. 杭州：浙江人民出版社.

罗海燕，2015. 金华文派研究 [M]. 北京：中国出版集团.

莫砺锋，2000. 朱熹文学研究 [M]. 南京：南京大学出版社.

潘富恩，2017. 吕祖谦 [M]. 西安：陕西师范大学出版社.

徐儒宗，2005. 婺学之宗·吕祖谦传 [M]. 杭州：浙江人民出版社.

金东人文精神的历史渊源与现实支撑

陈志文[1]

内容摘要：本文从金东区文明起源及历史发展的脉络研究着手，梳理出金东人文精神文脉之根，认为金东区是农耕文明的摇篮，是最早融入中原文化的区域。到汉末，金东地区已成为区域行政、文化中心地；到魏晋南北朝，从海上来的佛教文化，深刻地融入儒、道文化之中，引领中国三教文化的融合发展潮流，彰显区域文化的包容性；到南宋，理学文化的兴起，金华成为中国理学研究和传播的文化高地，理学研究代有传人，彰显区域文化的创新性和求真精神。金东的耕读文化、宗教文化、理学文化发展，既一脉相承，又开拓创新，无不成为金东人文精神的历史渊源。同时，在历史文化的历史遗存和现实支撑中，梳理出金东人

---

[1] 陈志文：浙江师范大学教授。

文精神生发动力，认为浓厚的耕读文化是"耕读求真"精神的文化渊源，善于对各方文化的融合和发展是"包容奋进"精神的文化动力，在传统文化基础上，解放思想、吸收东西方优秀文化、不断探索新的社会治理方式，是"实干创新"精神的体现。可以预见，在未来人类文明进程中，金东人文精神将引发更多的人类文明创新，从而推动金东区社会、经济、文化全面发展。

关键词：人文精神 历史渊源 现实支撑

一、历史渊源

（一）稻作文明的摇篮，农耕文明的开端

金东处于金衢盆地中段，北靠长山，南抱义乌江，隔江南山相望，钟灵毓秀，物产丰腴，人文荟萃，民风淳朴，自古有浙江第二粮仓美誉。勤劳勇敢的金东人民世世代代在这片古老的土地上孜孜不倦，生生不息，谱写出了辉煌灿烂的历史文化。

得天独厚的自然地理条件，孕育出中国江南地区最早的稻作文明。金衢盆地史前人类很早就掌握了水稻的种植与加工技术，据考古学界近年对浙中及附近地区的考古发掘，前后共发现了新石器时代遗址18处，其中以婺城区山下周遗址、青阳山遗址年代最为久远（均超万年），说明金华不但是史前人类的聚居地，而且是钱塘江流域稻作文明、农耕文明和村落文明的重要发源地，是人类文明的发源地之一，金东区正处于该新石器时期稻作文化生态圈之中。

大禹治水于江南，疏浚江河，开设沟渠，钱塘江流域开启真正的农耕文明。大禹没葬越国，浙江东南地区，由农业部落而逐渐进入国家形态的文明。据东汉赵晔所著《吴越春秋·越王无余外传》载，"禹以下六世而得帝少康。少康恐禹祭之绝祀，乃封其庶子于越，号曰无余。余始受封，人民山居，虽有鸟田之利，租贡㰚给宗庙祭祀之费。乃复随陵陆而耕种，或逐禽鹿而给食。无余质朴，不设宫室之饰，从民所居。春秋祠禹墓于会稽。"由此可见，越国治下时的金东地区，是江南最早步入农耕文明的地区之一。

(二) 中原文明的传入，区域中心的确立

1. 楚文化传入越国

战国时，越被楚灭，归楚国。楚文化是中国春秋时期南方诸侯国楚国的物质文化和精神文化的总称，是华夏文明的重要组成部分。楚国先民最初生活在黄河流域的中原地区（河南新郑），南迁后给楚地带来了先进的华夏文明因素，并以中原商周文明特别是姬周文明为基础向前发展楚文化。从文化性质来看，楚文明更多地保留了中原姬周文明的特色，因此，对周礼文化的传承，更具原真性和完整性。

《史记·越王勾践世家》中曾有"越王勾践，其先禹之苗裔，而夏后帝少康之庶子也，封于会稽，以奉守禹之祀"的记载。春秋战国之际，著名的越王勾践打败吴王夫差后，曾"致贡于周，周元王使人赐勾践胙，命为伯"。从此句可见，勾践自认与周的关系是"君臣"的关系。而周礼是中国儒家文化的源头，因而金东区在南蛮文化基础上,首先接受正宗的儒家文化的洗礼。越国因"少康恐禹祭之绝祀,乃封其庶子于越,号曰无余。余始受封,人民山居,虽有鸟田之利,租贡纔给宗庙祭祀之费"。重视"祭祀文化",这与周礼中的"祭祀文化"核心是一脉相承的,因此,金东的宗族文化,历史源远流长。

2. 中原文化的传入

秦统一六国,统一度量衡,实行郡县制,南越地区正式纳入中原文化体系。秦王政二十五年(前221年),在金衢盆地东西两地设乌伤、太末(也作大末)两县,隶会稽郡。东汉初平三年(192年),析(乌伤)南置长山县(今金华,下同),金华县治,由此始。金东区有史以来,首次成为区域的政治文化中心。

长山县治,有学者认为在现在的金东区孝顺镇,笔者认为并非空穴来风。《道光县志》载:"城北高山,双峰入云,名双尖山,东北峰名'华金尖',西南峰名'法华尖',以两峰中间一字'金''华'得山名。"县以山名,故曰金华。从这一段文字表述看,当时长山县名改为"金华",是取城北两座山峰(即现在的双尖山)名字中间一字而来。双尖山正处于孝顺镇的北侧,从风水学角度理解,长山县城选取双尖山作为主山,是完全可以理解的。

东汉初平三年(192年),"析乌伤南置长山县",与孝顺东汉年间"留氏"豪族的强势兴起,不无关系。历史上留名的有留赞(183—255年),官至东吴左将军。诸葛恪东征,留赞为前部,会战先陷阵,大败魏师,以功升左将军。留异(486—564年)东阳郡守、陈朝年间，陈文帝嫁女留家，并封留异为缙州刺史。可见，东汉末年到陈朝，金东区一带具有较强的政治和社会地位。如果不是具有较强的进取之心、勤恳的农耕精神，支撑不起一个跨越300多年的强势社会地位。因此可见，金东区人自古以来具有强烈的自我把握命运的意识和能力。

3. 区域核心文化的确立

"乌伤""孝川"名字的由来，都与儒教文化的核心"孝"文化相关。"乌伤"取意于"乌鸦反哺"，"孝川"（孝顺镇的古名）相传是孙权被一孝子的孝行多感动而取。不管故事的真实性如何，从区域政治文化中心的地名中，可以领悟到区域所弘扬的主题文化思想。

曾子说："民之本教曰孝。夫仁者，仁此者也；义者，义此者也；忠者，忠此者也；信者，信此者也；礼者，礼此者也；行者，行此者也，强者，强此者也。"在传统的儒家中，仁义忠信礼等都是十分重要的内容，而曾子将这些内容都和孝联系在一起，认为讲求仁爱的人，只有通过孝道才能体现仁爱；讲求仁义的人，只有通过孝道才能掌握适宜的程度；讲求忠的人，只有通过孝道才能真正合乎忠的要求；讲求信的人，只有通过孝道才能合乎真正的信实；讲求礼的人，只有通过孝道才能对礼有真正的体会；讲求强大的人，只有通过孝道才能真正表现出坚强。曾子还说："夫孝，置之而塞于天地，衡之而衡于四海。推而放诸东海而准，推而放诸西海而准，推而放诸南海而准，推而放诸北海而准。"

由此可见，金东区是弘扬和推崇儒家文化的首发地和核心区。"孝"文化源远流长。从"孝"文化中，演绎出"仁、义、礼、智、信"诸多内涵，是"金东人文精神"的文脉之源。

4. 金华儒释道文化的兴起与融合

（1）道教文化的兴起。

清《光绪金华县志》载，自黄帝南巡金华山，开铸鼎炼丹先河以来，道学家、医学家、神仙家接踵而至，如赤松子、九天玄女、安期生、老子、黄初平、葛洪等众多仙道人物，都在金华山这座"炼丹名山"留下了采药、炼丹、修道、飞天的传说和踪迹。金华山成为道教第三十六洞天，赤松山成为黄大仙修仙得道之地，金东区在道教文化中占据着独特的地位。

黄初平（约328—386年），后世称为"黄大仙"，是中国民间信仰之一，著名道教神仙。出生于浙江省金华仙桥，在金华山中修炼得道升仙。传说因为炼丹得道、羽化登天，而且以"药方"度人成仙，得到人们的信仰和崇祀，赤松宫、赤松涧成为得道成仙的福地象征。医者父母心，助人为乐，教化着一方水土的百姓。道教文化的弘扬，正是民风淳朴的写照。

（2）佛教文化的传入。

达摩，天竺人，禅宗二十八代佛祖，是把禅学带入中土的第一人。达摩到中国弘法大乘佛教之时，正值南北朝分裂时代，社会治安极差，民心凋敝，原有的佛教教理偏重于追求个人名利，趋附权贵，造成世风日下，道德观念也愈来愈难以发挥制衡作用。

达摩行医济世，遍施爱心，在下层百姓中广结善缘，引起共鸣。

达摩祖师漂洋过海，来到中国，自广州到南京的过程中，途经金华，与金华结下了不解之缘。达摩曾在金华一带停留多年，梁普通元年（520年）收义乌傅翕为徒，在香椿树下结庵修行，称"善慧大士"，成为四方敬仰的名僧，并同梁武帝结下佛缘。公元550年，梁武帝敕建"双林寺"，同时在金东区境内敕建的还有盘龙寺、大佛寺，以及婺城区境内的九峰禅寺、智者寺等。金华佛教至此兴盛。

（3）儒释道文化的融合。

佛教文化由南往北传入中国，是中国历史上第一次外来文化入侵，同时也是第一次文化大融合。达摩祖师收义乌傅翕为徒，与达摩、志公并称"梁代三大士"。曾作有300多首诗偈颂文来阐释佛理禅意，劝导世人看破世间的功名利禄，尽心修证佛法，才能最终得到大解脱。

日本学者忽滑谷快天指出："梁武帝时代，僧副、慧初等，息心山溪，重隐逸，小乘之弊犹未能去。独傅翕超悟大乘，出入佛老，感化及于后世禅教者，翕一人也。"说明傅大士在佛教中国化过程中的作用。佛教要中国化，离不开中国本土的"道"和"儒"，尤其是儒学影响很大。

傅大士倡导三教合一。南怀瑾先生说："傅大士以道冠、僧服、儒履的表象，表示中国禅的法相，是以'儒行为基，道学为首，佛学为中心'的真正精神，配上他一生的行径，等于是以身设教，亲自写出一篇三教合一的绝妙好文。"从此，儒释道三教合一，成三足鼎立之势。

可见金华这一片土地，成为中国历史上三教文化融合的倡导者，足见这一方水土所养之人，具有宽阔的心怀，具有极强的包容之心。

(三) 全国经济中心的南移，文化中心地的形成

1. 经济中心的南移

随着京杭大运河的开通，南粮北运成为可能，中国逐渐形成了经济、文化中心在南，军事、政治在北的社会空间格局。从而带来了两浙地区经济文化的大发展，并推动区域城市空间格局的调整。

(1) 经济空前繁荣。

隋炀帝开凿大运河，直接改变了秦朝以来以陆路交通为主的交通方式。每一次交通方式的大变革，都直接导致城市空间格局的重组和区域经济的变迁。江南经济的发展就得益于大运河的南北贯通。南粮北运极大促进了江南地区的农业经济和工商业经济的发展。作为浙江省第二粮仓的金衢盆地，借钱塘流域水系，与中国大部分地区取得了经济联系，极大促进了金华地区的社会经济发展。

据学者研究，到北宋，国力六倍于盛唐，国民经济总产值占到全世界的50%以上，四大发明相继诞生，而且发明了纸币——交子。著名史学家陈寅恪言："华夏民族之文化，历数千载之演进，造极于赵宋之世。"张择端的一幅《清明上河图》描绘出汴

梁城市繁荣景象，柳永的一阕《望海潮》描绘出杭州城市的繁荣景象，直接引发了金兵南下的侵略意愿。由此可见，江南地区，到宋朝，社会经济发展空前繁荣，为南宋金华儒学文化及豪门望族的兴起，打下了坚实的经济基础。

（2）城市空间格局发生改变。

交通方式的改变，直接引发城市空间格局的重组。唐武德八年（625年），"省长山，入金华。"金华县治，从长山（孝顺）移到现在的金华城市所在地——三江交汇之处；姑蔑县由汤溪移往衢江边的龙游。类似城市空间的转移，在全国范围发生，形成了沿各大江河的城市群空间格局，进一步促进了商业经济发展和农业经济发展，同时也提升了区域农民的商业意识，推动了区域商品经济的发展。

（3）促进唐诗之路的形成和文化的繁荣。

水运交通格局的形成和交通的便利化，使得南北文人交流成为可能。从唐长安城到江南道教文化中心地天台，有两条水路可行：一条经大运河到杭州经绍兴到天台；另一条经鄱阳湖到衢州由兰溪或由金华经陆路到台州，或由新安江到杭州到天台。由此形成了浙江四条丝路文化带。

人文的游学，促进南北文化的交流，进一步促进儒释道文化的融合，同时，这些自隋朝开科取士以来登科的寒门弟子的游学，也进一步促进南方地区寒门弟子的读书热情，"朝为田舍郎，暮登天子堂"成为农耕文化典型的人文景观。金东"耕读"文化，成为区域文化的核心。

2. 文化中心地的形成

（1）文化中心地的形成。

宋室南渡，继永嘉之乱、安史之乱后，又有大批中原望族南迁。作为临安陪都的金华，自然成为各望族安身立命之地首选。吕祖谦吕氏一族，便是典型代表。

周敦颐就是北宋理学的创始人。《宋元公案》中对于周敦颐的地位有这样的论述："孔孟而后，汉儒止有传经之学。性道微言之绝久矣。元公崛起，二程（程颢、程颐）嗣之，又复横渠清大儒辈出，圣学大昌。"宋明理学以孔孟之道的儒学为主干，还多方吸收了道家、佛家的思想精华，逐渐成为中国封建社会中占统治地位的哲学思想。

继北宋程门理学肇起，以兰溪范浚（1102—1150年）为代表，金华理学，在北宋末、南宋初便已发端，吕祖谦（1137—1181年）继之，与唐仲友（1136—1188年）、陈亮（1143—1194年）共同生发为婺州学派，与朱熹（1130—1200年）闽学、陆九渊（1139—1193年）金溪之学，形成三足鼎立之势，成为南宋文化高地。

朱熹之后，黄榦嫡承；黄榦之后，分江西一派和浙江一派，黄榦传给何基，何基传给王柏，王柏传给金履祥，金履祥传给许谦。《宋元学案》称"北山四先生"。至此，金华成为南宋文化中心地，前来求学者络绎不绝。

(2) 理学传播与民间书院兴起。

东莱学派分两支：一支由徐文清传黄文献传柳文肃（贯）、宋文宪（濂），为明朝婺学之端；另一支由何基传王柏再传金履祥传许谦、柳贯再传宋濂。

民间书院如雨后春笋般兴起，南宋时著名的书院有丽泽书院、唐仲友的"说斋精舍"、道一书院、何基的"北山书院"、王埜山桥书院等；元明时期，增加"崇正书院"、"正学书院"；至清朝，有桐荫书院、滋兰书院、丽正书院、长山书院、鹿田书院、九峰书院等。这些书院，既是婺学一脉的传承载体，也是"小邹鲁"文化的物质空间和这一方学子的精神寄托。同时，地方私塾教育也遍地开花。著名者有傅村的"尊道书塾""诚正书塾"等。书院为学术传播和文化繁荣做出了不可磨灭的贡献，形成了地方浓厚的耕读文化氛围。

金华书院林立、学者云集，讲学成风、学术活跃，人才辈出、文化昌盛，从而被天下誉为"小邹鲁"。对于理学的研究，不但形成师徒相传的明晰地域文脉，而且在前人学术理论基础上，不断深化和创新，不断把理学理论推向深入。这是"求真"和"创新"精神的真实写照和演绎。

(3) 村落文化兴起与传播。

除了以上北山四先生形成学门之外，仅南宋一朝就有8位金华籍学子先后担任南宋宰辅，分别是楼炤、王淮、葛洪、范雍、范锺、乔行简、林大中、马光祖，这些姓氏多成聚族而居的望族。

其中王淮的王氏望族为代表，形成了望族群，并通过姻亲关系，形成金东范围内望族裙带关系。含香、曹宅的曹氏、山口邢氏、杜宅杜氏等，相互之间都有姻亲关系，皆为宋元之后的名门望族。金华明清时期形成的四大财主有三位皆落于金东区，塘雅的王氏、傅村傅氏、仙桥钱氏、马鞍山金氏，这些村落不但重视物质空间建设，更重视儿孙的教育，形成了主流文化之外的具有典型地域文化特色的村落文化。

名门望族之间，文人相互唱和、交流，极大促进了村落文化发展，最典型的是村落景观空间的营造，在吟咏金华大景观的同时，也塑造出村落八景、十景诗，如杜恒的《金华十咏》、邢沂的《平山八景》、元末曹宅曹志的《金华十咏》等，目前宗谱中保留的十景诗村落有含香、曹宅、蒲塘、东藕塘、山口等村落。到清朝，以曹宅为中心，曹开泰发起成立"北麓诗社"，是金华历史上有史记载的第一个诗社，成为金东文化又一新的高地。

村落不但重教学，且重视文化传播。东藕塘村是金履祥最大的后裔居住地，金履祥的第三孙金若龙，元至和年间（1054—1056年），从为官之地临海返乡，途经东藕塘，优美的风景令他着迷，因而在此地安家。清代雍乾时期，金律在自家七进厅后花园中建起奎光阁作为书院，聘请多名金华的知名学者讲学，书院最兴旺之时，几乎把整个村建成了一个大学城，对婺学文化的传播起到了极大的推动作用。

东藕塘印书坊远近闻名，所印书籍不仅影响了金华的学者，还用了一部书，使得金华的先贤扬名全国。这部书就是因收入《四库全书》而广为人知的《金华征献略》，全书分12类，分别记述了八婺之地自古以来的先贤事迹。

从金东一个村的文化发展可以洞见，金东区村落文化的内涵极其深刻，并对婺文化的传播、复兴起到举足轻重的作用。

(四) 区域文化的形成

1. 宗族文化的形成

中国农耕文化，最典型的特征是形成以血缘为纽带关系的血缘村落。在儒教文化影响下，村落对祭祀高度重视，但一般老百姓家不能建立宗祠，以供奉祖宗牌位，各家各户只能在自己的"堂前"祭祀祖先。"庶人无庙，四时祭于寝"是礼记中的基本规定。公元1536年，明代嘉靖皇帝颁布诏令，允许民间"联宗立庙"，从此，民间建立宗祠终于获得了合法的地位。全国各大村落、望族争相建立宗祠，宗祠成为村落公共建筑建设的主要内容。

随着宗祠的建设，宗谱的修订也成为宗族文化建设的主要内容。同时，村落发展历史、大事记、名人等的编写，都极大促进了村落文化发展。族规的制定，进一步加强了村落自治。

2. 区域耕读文化物化空间的形成

随着宗祠建设，在区域范围内形成了耕读文化的空间形态。

首先，表现为宗族政治治理结构的进一步完善。农村社会的控制，是指国家层面上的主体对农村社会组织和个体在政治、经济、文化等方面的多维空间的作用和约束活动。而国家对农村地区的控制，是通过农村组织对村落政治、经济、文化等方面的管理来实现的，在不同的历史时期，农村组织类型及其管理手段都以不同的形式表现出来。在封建社会，村落组织主要表现为宗族组织，管理的手段主要是以收宗聚族的凝聚人心手段和表现为地方性法规性质的宗族管理规章制度，即所谓的族规。

其次，进一步促进了耕读文化的繁荣。房族理事会等机构的建立和完善，将氏族子弟的读书也纳入宗族管理范围，救济制度的建设使许多读不起书的孩子得到救济、教育，从而进一步促进了耕读文化的发展。

最后，促进耕读文化在区域内的进一步传播。宗族与宗族之间，在区域内是一种生存竞争的地缘政治关系，宗族之间相互攀比，努力提升实力，以期在区域内具备更大的话语权和生存竞争能力。因此，良好的耕读氛围，在宗族之间的交流中，得以在更宽阔的空间内传播，进一步促进区域文化形态的形成和发展。

3. 耕读文化衍生的行为动力

一种主导的区域文化，决定着区域内人们的意识形态和行为方式，并决定着政治、经济、文化事业的发展方向。

首先，耕读文化催生年轻人"耕读求真"精神。榜样的力量是无穷的。先贤留给子孙的不仅是物质财富，更主要的是一种精神文化，一种耕读传家的代代相传，求真精神的奋发动力。同时，读书进一步培养出更多的人才，形成更开阔的思维空间和视野。从而使读书人走出相对封闭的区域空间，走向全国乃至世界，从而促进区域与更广阔的空间的交流与合作，培养出更为开放性思维方式。

其次，耕读文化也是"实干创新"的文化土壤。不脚踏实地，就无法认真完成学业；不完成学业，就无法在学术的海洋中寻找到理论的创新点。读书使人进步，视野的提升和思维方式的转变，其决策方式也将更具有趋理性，因而，创造出良好的创业氛围和头羊效应，实现创新的良性循环。

最后，耕读文化也是"包容奋进"的文化土壤。对不同学派的包容，对新思想、新文化的快速吸收，是包容性的真实体现。同时，文化的开放，进一步带动经济活动空间的开放，使人的行为具备勇往直前的奋进精神，开拓更广阔的生存空间，从而扩大区域文化交流半径，扩大其获得社会资源配置的更开阔空间。

二、现实支撑

（一）历史文化遗留及环境氛围

自新文化运动开始，中国传统文化遭受被批判与抛弃的命运。"打倒孔家店"，使中国儒家文化遭受质疑和批判，诸多儒家文化的物质载体被视为落后文化的代表，遭到拆除、抛弃、焚毁。尤其在"破四旧"运动中，许多宗祠、古建筑、庙宇、文物古迹遭遇历史浩劫。改革开放开始后，城市化浪潮直接改变了人们的生活方式，城市化生活方式使古民居再次遭到年轻人的抛弃。村落历史建筑被形式洋房无情代替。新农村建设，加速了古建筑的消亡速度。尽管如此，滋生于农耕文化的中国传统文化及历史空间仍以其顽强的生命力，像野草一般，存活于城市文明之中。

1. 物质空间的遗留

（1）古村落。

金东区范围内，古村落众多，是市本级古村落保留较为完好的区域。在2017年浙江省建设厅、省文化厅、省文物局、省财政厅公布第一批列入浙江省省级传统村落名录名单中，金华市64个，市本级18个，其中金东区占12个（见表1），占市本级省级传统村落名录的66.7%。

表1　金东区浙江省首批传统村落名单

序号	区县	乡镇	村落名称	备注
1	金东区	赤松镇	仙桥村	国家级（第五批）
2		孝顺镇	中柔村	国家级（第五批）
3		傅村镇	畈田蒋村	国家级（第五批）
4		江东镇	雅金村	国家级（第四批）
5		澧浦镇	方山村	
6			蒲塘村	国家级（第五批）
7			琐园村	国家级（第五批）
8			郑店村	国家级（第五批）
9		岭下镇	后溪村	国家级（第五批）
10			岭五村	国家级（第五批）
11		塘雅镇	下吴村	
12		源东乡	长塘徐村	
13		傅村镇	山头下村	国家级（第一批），未包含在省级名单之中

目前，金华拥有中国传统村落104个，金东占10个；省级传统村落120个，金东占13个，金华市数量居全省第二。此前，金华已分两批共申报认定139个市级传统村落，其中金东占19个。形成了国家级、省级和市级三级传统村落的完备名录体系。

（2）宗祠、书院。

金东区宗祠林立，是孝文化的物化形态。据不完全统计，金东区现存各姓氏家谱共计213套，占510个建制村的42%，考虑到同血缘发脉因素，有宗谱村落应该在一半以上。孝文化对金东区人民影响之深远，由此可见一斑。

金华传统书院保留虽然不多，但金华最著名的丽泽书院一脉相传，演变形成今天的金华一中，就坐落于金东区，成为传承金华耕读文化的旗帜和基地。

（3）道观、庙宇。

儒释道三教高度融合，并教人向善。金东区的道观和寺庙，在区域宗教文化中占据举足轻重的地位。其中，大佛寺、盘龙寺依然香火旺盛；黄大仙祖宫坐落于赤松镇，是东南亚信徒心目中的圣地。金东区，构成了完整的儒释道三教文化空间，无形中起到对世人的感化作用。

2. 环境氛围

（1）耕读遗风。

金东区地处东阳江中下游地段，相比其他县市，更重农轻商。因其地处东阳江下游，地理空间更为开阔，环境容量相对较大，人地矛盾基本平衡，农耕基本能满足农户基本的生存需求。因此，相比于东阳江、武义江上游县市，外出经商谋生者更少，自古重视读书，以耕读传家，因此，金东人比较好面子，同时也表现出骨子里的求真精神和脚踏实地的务实精神。

（2）孝道遗风和乡土情结。

古来金东人不愿出远门谋生，因此，家族氛围浓厚，父慈儿孝，勤俭持家。邻里之间，也表现出良好的邻里关系，乡里之间，矛盾容易协调，表现出和谐、包容的情怀。同时，也形成了"见不到尖峰山要哭"的乡土情结。

这种乡土情结是一种强烈的归属感，这种归属感，决定着金东人即便外出创业，也依然保留着"衣锦还乡"的荣誉感，因此，将带动各种生产力要素回流故乡，为金东的发展增添动力。

（二）新文化背后的传统推力

金东是中国三教融合的发源地之一，也是南宋时期全国的文化高地，同时也是工业文明、新文化传播的摇篮。从海上来的工业文明，使得工业革命后中国历史运动力量，来自南方，并不断向北方传播。如太平天国农民起义、辛亥革命、中国共产党的成立等历史事件，都是来自南方。日本历史学家菊池秀明称之为"南来之风"。

1. 新文化的南来之风

在近代中国救亡运动中，金东人民积极投身其中。辛亥革命期间，著名女革命者秋瑾就曾经来到金东区东藕塘村，宣传革命思想；与金东接壤的义乌分水塘村，其实是金东这片土地耕读文化的缩影，陈望道翻译的《中国共产党宣言》，首先唤醒了无数沉睡中的国人。金萧支队，是无产阶级革命的重要地方力量；还有地田村麦磨滩红色革命基地等，都向人们叙说着金东这片土地上所吹拂着的"南来之风"，这股南来之风，直接推动了中国革命事业的发展，推动着中国社会的进步。

2. 东西方文化的融合

文化的包容性，最典型的代表是快速吸收先进的文化，并与传统文化相互融合。坐落于三江口的婺剧院，用传统的戏剧，演绎着新时代的精神；施光南用一架钢琴，弹出了中国"希望的田野"之声；艾青用新诗歌，谱写了金东人浓厚的乡情和对生活、土地的热爱；邵飘萍用报纸，传递着对未来美好生活的向往和对革命事业的执着追求。在金东这片古老的土地上，既保留着传统文化的美德，也彰显着工业文明的光辉，东西方两种文化的融合，充分体现在当今人们的"耕读求真"精神中，也包含在"实干创新"的机关、企事业单位中，同时也包含在"包容创新"的制度文化创新之中。

(三) 文化创新与传播

1. 文化的创新

文化的创新，是从思想观念的创新开始的。思想观念的改变，引发政治治理的革新，而政治治理的革新将带来经济新的增长点和新的文化生活方式。自 20 世纪 90 年代在金华范围开展"冲出金华盆地"思想大讨论开始，金华人就未停止过思想大解放的自省。而金东人又率先走出了一步，金东在政治治理上的改革是从"居家养老"开始的，这是"孝"文化的延续，是中国共产党对全心全意为人民服务宗旨的具体实践。

从2012年开始，金东区连续七年把"深化农村居家养老服务工作"列入区政府民生实事工程，居家养老服务工作不断扩面提质。截至目前，金东区已实现农村居家养老全覆盖，全区共建成居家养老服务中心345家、140个配送点、8家乡镇级示范型居家养老服务中心，服务老年人6万余人，交出了一份群众满意的答卷。

"垃圾分类"是金东践行生态文明的另一个创新，是基于农耕文明"天地人"合一生活方式的延续。农村垃圾分类"二次四分"模式被住建部向全国推广，城镇垃圾分类"两定四分"模式得到浙江省委省政府的高度肯定，形成了浦江模式、金东模式等特色样板，金华治理经验成为浙江省标杆。

这些文化创新，不但提升了社会治理能力，同时，在生态文明新背景下，催生新的产业链，带动形成区域经济新的经济增长点。

金东的文化创新，不仅仅在于以上两点，在乡村旅游、新农村建设、城中村改造、信息产业集聚发展等领域，都具有明显的亮点。

2. 文化的传播

一种具有生命力的新文化创新，必然会得到快速传播，正如当年的三教融合、婺学文化的传播一样，新文化正如向水面扔进一块石头，其波纹向四周扩散。如今，居家养老模式、垃圾分类模式在全国范围推广。

结语：中国传统文明是基于"天人合一"基础上的人类生活方式，基于矿物能源的城市文明，已经显示出其能源争夺带来的世界格局动荡和危机。因此，如何思考传统文化的生命力，并将其创新为未来人类新的生活方式，是历史与现实之间必须衡量与思考的大课题，也是践行金东人文精神的真正意义所在，是金东人为人类文明进步做出的新的文明探索。

参考文献：

范晔，2007. 后汉书·郡国志 [M]. 北京：中华书局.

龚剑锋，2013. "金华历代书院的兴衰"浙江文化信息网：[OL].（2013-10-25）. http：//wht. zj. gov. cn/dtxx/zjwh/2013-10-25/154363. htm.

黄怀信，2019. 译注，大戴礼·记曾子大孝 [M]. 上海：上海古籍出版社.

菊池秀明，2016. 末代皇朝与近代中国 [M]. 桂林：广西师范大学出版社.

司马迁，2019. 史记 [M]. 张大可，注释. 武汉：华中科技大学出版社．

吴晓波，2017.世纪经济千年史［M］．北京：中信出版社．

赵晔，2019.吴越春秋［M］．周生春，辑校汇考．北京：中华书局．

金东人文精神理论
与实践研究

"金东人文精神"文化解读与当代传承

邵金生[1]

内容提要：金东，是一方水土，更是一种精神。"耕读求真、实干创新、包容奋进"是金东人文底蕴、地域特色、时代特征的高度凝练。"耕读求真"是金东人生生不息、永续前行的精神密码，"实干创新"是金东人事业有成、敢为人先的价值追求，"包容奋进"是金东人兼收并蓄、勇于拼搏的内在品质。在建设"重要窗口"的过程中，传承金东人文精神，为新使命赋能立根，为新都市赋形着色，为新时代正风敦化、汇聚力量、决战决胜，是当下金东人的担当。

关键词：金东人文精神　文化解读　当代传承　决战决胜

---

[1] 邵金生：金东区教育体育局教育中心主任，高级教师。

文化是人类创造的物质成果和精神成果的总和。一般说来，通常将文化分为三个层次——精神文化、制度文化、物质文化，其中精神文化具有最深刻、最持久的力量，也是我们区别不同文化时用以标识的最本质的特征。文化是从人的心灵和最常态化的生活中生长出来的。在德语和英语中，文化（kultur/culture）的本义是指"种植"与"培养"，并且与"农业（agriculture）"有着天然的关联。从这个意义上说，一种文化的生长和延续肯定不是疾速的、暂时的，而是缓慢的、持久的。从根本上说，文化决定着一个地域社会发展的面貌和方向，也决定着它的潜力和品质。

金东是一方火热的土地，物华天宝，俊采星驰，孕育了一种独具内涵和魅力的精气神。2002年12月28日，时任浙江省委书记的习近平同志在浙江工作期间来金华调研时指出，"要十分重视历史文脉的继承和发展，弘扬传统文化和地方特色文化，切实把文化资源保护好、开发好、利用好。""要注重城市居民素质的提高，用健康的、文明的、向上的文化引导人、教育人、提高和陶冶人的情操。"[1] 千百年来，文化的力量深深熔铸在金东人民的创造力和凝聚力之中。2018年12月29日，中共金华市金东区委四届五次全会确定了今后一个时期"高质量建设和美金东，高水平打造希望新城"的总目标总思路，提出了实业兴区、创新强

---

[1] 习近平. 干在实处 走在前列：推进浙江新发展的思考与实践[M]. 北京：中共中央党校出版社，2006：508—509.

区、生态立区、人文富区四大战略举措。美好愿景激励着金东儿女，为凝聚最广大的人心、形成最广泛的共识，决战决胜，提炼金东人文精神成为历史赋予这一代金东人的使命。2019年3月，启动了"金东人文精神"大讨论。经过广泛征集，深入提炼，2020年1月2日，区委四届八次全体（扩大）会议审议通过了《关于大力弘扬和践行金东人文精神的决定》，明确将金东人文精神表述为"耕读求真、实干创新、包容奋进"。十二字金东人文精神，是金东人文底蕴、地域特色、时代特征的高度凝练，是金东人民赓续文脉、奔竞不息、开拓进取的价值追求，与浙江精神高度契合，与新时代金华精神气息相通。

一、金东人文精神的文化解读

1. "耕读求真"是金东人生生不息、永续前行的精神密码

"耕读传家"是农耕文明的优良传统。金东所处的金衢盆地，向来是农耕乐土。耕，与自然和谐相生，丰五谷，立性命，创造物质文明；读，与圣贤坦诚对话，知诗书，达礼义，追求精神完满。耕读并举，正如古语所云："虽肄诗书，不可不令知稼穑之事；虽秉耒耜，不可不令知诗书之义。"[1] 耕读不仅是指半耕半读的一种生活方式，更是一种情怀、一种文化、一种文明风尚。耕读继世，孝友传家，蔚成风尚。明初文臣之首宋濂，苦读于潜

---

[1] 张履祥. 训子语 [M].//中国家训史. 北京：人民出版社，2011：702.

溪之畔,并以"潜溪"为号;施复亮施光南故居侧门门楣上题有"半耕半读"(相传为于右任先生手书);艾青故居有"礼耕堂";澧浦镇择树塘村程氏宗祠有楹联"绳其祖武是耕是读 贻厥孙谋惟俭惟勤"。耕为安身立命,读为人生升华,"耕读"是传家继世之宝。

"求真",是宋元以来金华学派的核心思想。"求真",就是追求真理,遵循规律,崇尚科学,不迷信,不虚饰,穷究事务的本源与真相,探求社会发展的真理。金东人民凡事认个"真"字。党的早期创始人之一施复亮的革命实践和《劳动运动史》《马克思主义与唯物史观》等著译,践行了求真精神。20世纪诗坛泰斗艾青,历经磨难,奔赴延安,追求真理,他用毕生的激情讴歌太阳,礼赞光明。崇道求真,正是金东人民灵魂深处的品质涵养。

岁月变迁,农耕文明渐行渐远,生活方式有嬗递,精神内核得永存。耕读求真精神所包含的孝悌为本、崇尚道德,克勤克俭、天人合一,自强不息、厚德载物,坚守初心、求真务实的深刻内涵,仍然是当今时代具有现实价值的文化"常道"。耕读求真,就是要厚植具有金东特色的人文印记和时代需求的精神力量,耕耘不辍、完善自我,遵天时,因地利,遵循规律干事创业,尊重实际谋划发展。

2."实干创新",是金东人事业有成、敢为人先的价值追求

"实干"就是"干在实处",脚踏实地、担当干事、讲求实效。"博学而不穷,笃行而不倦"(《礼记》),"行"就是实干。

金华学派代表人物吕祖谦提倡"讲实理,育实才而求实用",唯"实"是尚。事业是"干"出来的,实干兴邦,空谈误国。见之不若知之,知之不若行之。实干,是金东人民的精神底色。习近平同志说过"说真话就是水平,干实事就是能力"[1]。2004年,时任浙江省委书记习近平在全省"千村示范万村整治"工作现场会上专门表扬金东区雅里村办了一件难事实事。

"创新"就是打破常规、突破现状、敢于挑战。《诗》曰:"周虽旧邦,其命维新。"习近平总书记说:"创新是一个民族进步的灵魂,是一个国家兴旺发达的不竭动力,也是中华民族最深沉的民族禀赋。"(2013年10月21日,在欧美同学会成立一百周年庆祝大会上的讲话)金东,自古以来有着创新求变、以小博大的族群共性。六角塘村垃圾分类艺术馆体现的"金东实践"、居家养老全覆盖的"金华样本"、琐园古村落保护和利用的"金东经验",以及机构改革工作获得全省成绩突出集体称号、"标准地+承诺制"提升为"省级标准",东孝中央贸创区、东湄中央未来区、江岭高新智造区设置和打造正成为新时代金东发展的动力和引擎。这一切都是金东人实干创新精神的最好注脚。

实干,定义了金东的气质和风貌;创新,激发了金东的活力与激情。实干创新,就是要深刻领悟习近平总书记"干在实处永

---

[1] 习近平. 干在实处 走在前列:推进浙江新发展的思考与实践[M]. 北京:中共中央党校出版社,2006:542.

无止境，走在前列要谋新篇，勇立潮头方显担当"的新要求新使命新期望，始终把重实干、办实事、求实效作为座右铭，摒弃思想观念、体制机制、方式方法等固化僵化弊端，不断创造新的实践、新的样本、新的经验。幸福生活是奋斗出来的。走进新时代，实干担当，创新转型，方可成就金东大地千秋伟业，方可保证金东文化永续长存。

3. "包容奋进"，是金东人兼收并蓄、勇于拼搏的内在品质

包容，就是包孕、容纳。天地包容，草木皆长养；君子包容，以厚德载物。天生万类，仁者爱人，及于草木；海纳百川，有容乃大，不捐细流。金华学派讲究宽容并包，四方学者归趋心服，于史有证。金东人素有民胞物与、四海一家的情怀，对各种进步文化兼收并蓄，对各种进步观念和生活方式尊重接纳，各美其美，美美与共。文化博杂，释道并存，大佛寺钟磬悠扬佛号声声，赤松宫鸾鹤翔集道风清扬。人口迁徙频繁，种姓繁复，原住家族与外来客姓以礼相交，其乐融融。汉、畲、回等多个民族在此繁衍生息，各得其所。当下，外来人口占居住人口近半，"新金东人"在希望的田野上有了新的家乡。

"奋进"就是竞争拼搏、追求卓越。"奋"者，鸟振翅膀也，振作而鼓劲；"进，鼓而进之也"（朱熹《诗集传》），勇往而直前。习近平总书记说："要'走在前列'，就要始终保持良好的精

神状态。精神状态是动力所在。"[1] 认清时代赋予的使命，增强必胜的信心，在正确的道路上大踏步前行。金东设区以来显著成绩的强大支撑，就是一种永不服输的奋进精神。

包容奋进，金东人民勠力同心，砥砺前行。体量小，唯包容可致天下英才，同襄盛举；底子薄，唯奋进可赶超发展，重整山河。包容奋进，就是要振奋精神，迎难而上，以海纳百川的心胸和开放包容的姿态，保持敢为人先、克难攻坚的气魄，化压力为动力，化挑战为机遇，树立一流的目标，追求一流的水平，创造一流的效率，干出一流的业绩。

"耕读求真、实干创新、包容奋进"的金东人文精神，既根植历史，又与时俱进，凝聚着全区人民的思想、精神、文化、历史共识，具有深厚的历史渊源、广泛的社会基础和鲜明的时代特色，反映了金东文化的积淀和传承，展现了金东人的文化自觉和文化自信。"耕读求真"体现的是人文传承，"实干创新"体现的是实践路径，"包容奋进"体现的是时代追求，三者是相辅相成、密不可分的有机统一体，体现了人文精神根植历史、反映现实、引领未来的深厚内涵。

二、金东人文精神的当代传承

习近平总书记在党的十九大报告中提出："深入挖掘中华优

---

[1] 习近平. 干在实处 走在前列：推进浙江新发展的思考与实践. [M]. 北京：中共中央党校出版社，2006：45.

秀传统文化蕴含的思想观念、人文精神、道德规范，结合时代要求继承创新，让中华文化展现出永久魅力和时代风采。"[1] 文化如长河，源是承载着优秀传统文化的人文精神，流是优秀文化的赓续、发展。王勃在《上刘右相书》中说"源洁则流清"；魏征《谏太宗十思疏》说"欲流之远者，必浚其泉源"，"源不深而望流之远""塞源而欲流长"是绝无可能的。金东人文精神，是几十万金东人民基于共同的文化背景所凝聚、结晶出来的价值信仰，是维系金东社会政治经济文化生活良性运行的精神保障。优秀文化具有天然的传承性和递增性，做好当代传承，是我们提炼、明确金东人文精神的动力和旨归。

1. 以金东人文精神，为新使命赋能立根

习近平总书记2020年春季来浙江考察时，赋予浙江"努力成为新时代全面展示中国特色社会主义制度优越性的重要窗口"的新目标新定位，浙江发展迎来了新的使命。金东，面对市委、市政府赋予金东现代化都市区建设主战场、主阵地的历史使命，面对新一轮科技革命和产业革命、改革开放走深走实、长三角一体化发展上升为国家战略、全省大湾区大通道大花园大都市区建设和"四大战略"等战略机遇期，要展现金东作为、体现金东担当，可谓任重道远。放眼历史，可以说，我们从来没有面对过如此重要的

---

[1] 本书编写组. 党的十九大报告学习辅导百问 [M]. 北京：党建读物出版社，学习出版社. 2017：34.

发展机遇，同时，我们也从来没有面对过如此严峻的挑战。

担当新使命，金东人民靠什么？"耕读求真、实干创新、包容奋进"的金东人文精神，为金东改革发展提供了精神动力，不断引领金东人民阔步新征程、开创新未来。金东人民要建设的是自己的金东，既要有金东深厚绵长的人文底蕴，又要有面向世界的胸襟气象。不负韶华，只争朝夕，强烈的紧迫感催促着金东人民砥砺前行，努力将"和美金东"的旗帜高高举起；力争上游，拼搏争先，崇高的使命感激励着金东人民以"希望新城"的高标准建设自己的家园；集腋成裘，汇聚力量，决战决胜，高质量全面小康胜利在望。魏征说："求木之长者，必固其根本。"金东人文精神，就是金东人民永续繁衍的根。

2. 以金东人文精神，为新都市赋形着色

大力推进金义一体化、全域同城化，全力打造现代化都市区，是金华乃至浙江发展的必然选择。早在2002年12月，时任浙江省委书记的习近平同志就提出要把金华建设成"以组团式城市群为主要形态的浙中中心城市"，并强调"要注重优势互补，资源共享"。[1] 共建全省第四大都市区是省委省政府赋予金华的历史使命，也是金华发展的出路所在、希望所在。今天，"打造增长极、共建都市区、当好答卷人"已经成为全市上下的共同认识和

---

[1] 习近平. 干在实处 走在前列：推进浙江新发展的思考与实践 [M]. 北京：中共中央党校出版社，2006：506.

自觉行动。资源整合、空间融合、优势聚合,都市区雏形已具,呼之欲出。

都市化的过程中,一些鲜活而有特色的地方文化被扼杀了,这是不争的事实,也是惨痛的教训。"记得住乡愁"是城镇化题中的应有之义。金东是金义一体化的主阵地。如何在共建都市区的过程中保存并弘扬金东文化的特色?答案就是以金东人文精神为都市区赋形着色。如,通过建设金东人文精神博物馆之类的标志性工程,来集中保护承载金东人文精神的有形文化资源——历史典籍、艺术品和其他各类器物等;通过历史遗迹保护,来延续不可迁移的各类文物的生命;通过对传统村落名、河道山丘名的保护性利用,来建构金东人守望家园的精神纽带;通过方言、民俗等非物质文化遗产的保护传承,来巩固金东人民最本真的人文图腾,让金东人民的乡愁永存。未来的金东,万紫千红中,金东特有的形与色是基调,是主旋律。

3. 以金东人文精神,为新时代正风敦化

推进社会主义精神文明建设,是建设"重要窗口"的重要内容,也是促进社会主义物质文明、精神文明协调发展的关键环节。一方水土养一方人。人文精神具有强烈的教育性。习近平同志2005年7月28日在浙江省委十一届八次全会上指出:"文化即

'人化'，文化事业即养人心志、育人情操的事业。"[1] 干事业，最关键的因素是人。人，最根本的品德是善。精神文明建设，归根结底，就是提高人民的道德水平和处世品格。

千百年来，金东人民在长期的生产生活中形成了擅耕崇文、踏实奋进、和气包容、勇于创新等颇具特色的精神内核和气质，它决定并影响着金东人的思想观念、价值取向、行为习惯、风俗人情和信仰性格。当今世界，竞争无处不在。在硬实力相对恒定的前提下，软实力在激烈的发展竞争中显得尤为重要。全面提升区域文化软实力，归根结底还要靠文化自身的价值。金东人文精神是几十万金东人民共同的地域文化基因，就是金东人民的软实力。讲好金东人文故事，践行金东人文精神，以潜移默化的方式将社会主义核心价值观植入每一个金东人的内心深处，提升金东的文化品位。在人文精神的引领下，正风俗，敦教化，努力把金东建设成精神文明的标杆区。

百年未有之大变局，正为中华民族伟大复兴提供新的战略空间和机遇。"环球同此凉热"，金东正处于大有可为的战略机遇期、干事创业的发展黄金期、不进则退的转型关键期。文化是城市发展的深层动力。当今，金东的发展到了需要寻求文化支持的关键时刻。金东历史是一条长河，从来不可能以抽刀断流的方式

---

[1] 习近平．干在实处 走在前列：推进浙江新发展的思考与实践 [M]．北京：中共中央党校出版社，2006：295.

简单地切分成新与旧，而应当以发展的思维明辨地方文化精神的源与流。金东人文精神，是我们的文化母体，是源。自觉传承、践行金东人文精神，让金东文化延续久远，是流。以金东人文精神，为新使命赋能立根，为新都市赋形着色，为新时代正风敦化，决战决胜，正其时也！

参考文献：

陈先达，2017. 文化自信中的传统与当代［M］. 北京：北京师范大学出版社.

李英，2019. 金东［M］. 杭州：浙江人民出版社.

金东名人基因与"金东人文精神"

丁一平　丁　琢[1]

内容摘要：金东地区山清水秀、人杰地灵、历史悠久，为了进一步加快建设和美金东，彰显人文金东魅力，书写新时代金东人文精神新华章，金东区委于2020年年初提出了"十二字"金东人文精神，即"耕读求真、实干创新、包容奋进"。这是对新时代下金东农耕文明和商业文明融合的凝练，是融入金东人血脉中鲜活的名人基因的具体表达。同时，因为金东名人是这一精神的塑造者和传承者，因此，透过当地的地理生态环境、家庭教育环境及历史人文环境来探寻金东名人基因，能够更好地洞悉和把握"金东人文精神"的时代内涵。

---

[1]　丁一平：浙江师范大学边疆研究院教授；丁琢：浙江师范大学边疆研究院博士生。

关键词：名人基因 人文精神 金东人文精神

名人的产生与成熟是与当地的人文环境存在互作效应的。一方面，往往与当地地理位置、交通环境、教育状况、经济社会发展水平密切相关；另一方面，产生的名人又大大促进当地社会经济发展，形成更为有利的人才产生的人文环境。浙江金华金东区，就是这样一个名人辈出、名人基因传承、进而形成当地优秀人文环境的地方。观察并剖析这一人文现象，有利于传承人文精神，培育更多人才，在新时代进一步推动这一地区政治、经济、文化等各项事业的发展。

这里所说的名人基因，并不是指具体的某位名人的个体遗传基因，而是泛指在某一地域的历史沿革中，由某些名人个体在生息奋斗中逐渐形成的某些精神引领或行为习惯，在经过百年甚至更长时间的地域发展变迁中，渐渐被人们学习效仿、代代传承，进而形成人们共同意识和自觉行为范式的一种名人精神效应。这种名人基因引发的名人效应，能够成为这一地域人文精神形成的基础。因此，可以说，名人基因是名人能够持续传承的人文精神内核。

一、金东名人基因产生的地理生态环境

所谓一方水土养一方人，金东便是最好的诠释。

金东区位于金华市东部，地势南北高中部低。北部靠峰峦叠嶂的金华山，南部倚风光旖旎的仙霞岭余脉，中部有义乌江和武

义江沿岸及其支流下游为冲积平原。这里地形平坦开阔，四季分明，溪流潺潺，各美其美。年平均温度17℃，适宜居住，是"物华天宝、人杰地灵"的宜居之地。

义乌江和武义江是流经金东境内的两条重要水系。义乌江是东阳江下游的一段水系，自低田流入金东，自东而西流经区境中部，沿途中又有境内的航慈溪、孝顺溪、白溪、东溪、西溪、山河溪、芗溪、赤松溪等汇入，于城区燕尾洲，与自焦岩入境、沿西南边境北流的武义江汇合后，称金华江，自西流入金华市。武义江系钱塘江水系，发源于武义县项店乡千丈岩，西北流至金华，与义乌江汇合后称金华江。依山傍水的自然环境，使这里的先民过着定居的农耕生活，也吸引了陆续而至的迁徙之民，修渠灌溉、休耕轮作等农耕技术也在这里被广泛应用和延续。

金东区春秋时属越国，秦时属会稽郡之乌伤县，西汉因之。东汉初平二年（191年）为长山县管辖，并开始青铜冶炼与铸造，之后又成为中国南北六大青瓷产地之一，至元末，金华一带窑址近千座。在两晋南北朝时期，曹宅镇的大佛寺、孝顺镇的无量寺、塘雅镇的栖禅寺的设立，使儒释道三教文化开始兴盛。唐代时，这里的孝顺镇被设置为长山县县治所在，使这座千年古镇又成为这一区域的政治文化中心。到明清时期，随着这里物产和水力资源的丰富，集市兴起，为南来北往者带来了交流互动的便利。义乌江畔商船竞帆、码头林立，呈现农工商并举的景象，而从现存的古驿道也可以看出金东地区的兴盛。水陆交通的不断发展，也为文人贤达辈出提供了便利，形成了包容奋进的人文环境。金东的古驿道很多，金杭古道、金义古道、金浦古道、金兰古道、太阳岭古道、天青坑古道都是当时金东地区陆地交通的主要通道，用于传令军情和公文、运输军需物资、百姓赶集串乡。这些驿道的修建，无不展示出时人的智慧、创新和坚韧的毅力。据《浙江全省舆图并水陆道里记》记载，金杭古道、金义古道是从金华市区经义乌进入杭州的主要通道；金浦、金兰、太阳岭古道既是金东时人进出金华、浦江、兰溪各地域的交通要道，也是军事要冲；而在金华南山仙霞岭余脉中的天青坑古道，成为当时义乌商队到武义和永康的必经之要道。

这些古道多在树木茂盛的群山中绵延，古驿道的纵横交织、阡陌互通，既为金东区域时人从事生产生活提供了便利，也促进了南来北往时人的互动交流，打开了商贸发展的通路。更重要的是，也为耕读求真的求学者提供了便捷，打开了金东区域教育和文化的大门。元代宋濂就曾徒步翻过太阳岭到金华城求学。这些古道即使现代人行走，也会感受到跋涉之辛苦，可见金东时人的修建和利用也是多么不易。条条古道，见证着金东区域两千多年的历史，承载着金东人不畏艰难勇闯天下、开疆拓土、实干创新的智慧基因。古驿道的形成，为名人基因的形成、演化和迁移提供了客观环境，也孕育了金东名人基因的血脉集成。

二、金东名人基因产生的家庭教育环境

金东地区名人基因的形成与这一地区重视家庭教育密切相关，

而家训家规就是当时很重要的家庭教育表现形式。在刘鑫著的《金华名人与家训》一书中，有金东名人家训的记载。这些家训家规中，包含着敬孝养贤、尊长济弱、积善行德、互助包容、尊师重教的真善美，更贯穿耕读求索、勤勉务实、戒奢从俭、忧国忧民的家国情怀。从家训家规中可以看出家风、村风的特质，表现出金东人在长期生活劳作中逐渐自发形成的精神层面的内在力量。这种力量在这种家训家规的呵护下形成了惯性力量，在家族和地域上升发展中达到高度认同，进而使时人同心同德、努力奋进的凝聚力显著呈现，构成了金东名人基因中耕读求真、实干创新、包容奋进的特质。这种特质蕴含在金东人族群、地域环境之中，成为推动家族和地域发展的精神支撑。

从金东地区名人家训家规中，可以看出金东人文精神的厚重渊源。如金东区傅村镇，有元末明初的史学家文学家宋濂家族中的宋氏家训"居官清正，廉洁奉公，大公无私，留名千古""对人和气，讲文明，讲礼貌，讲道德，不卑不亢""宗族老幼及同辈都应互相尊重，不准对骂取乐"等记载，给这个家族打上了清廉正派、崇文善教、明礼重孝的烙印。著名画家黄宾虹之先辈黄庭坚诫子《家训》录中有"下奉以义，上奉以仁""吾子问道力学，执书策以见古人之遗训，观时利害，无待老夫之言矣，夫古人之气概风范，岂止仿佛耶"，谆谆告诫子孙传承古人教诲，立身治学，兴家传世。

金东区的塘雅镇竹溪塘村，是从明代嘉靖年间迁徙至此的杜氏聚居地，在杜氏留存至今的"十二条家规族训"中，有"孝父母""敬上长""养贤才""议贤能""恤寡孤"等各篇，其中记有"如有寡妇孤儿，最宜存恤，使幼有所长，而节得以全"的详述。在"戒斗狠"篇中记有"凡族中有争，必先告于族长、房长处，剖而不平，方控有司，以分曲直。毋得倚强凌弱，动辄聚众相殴"。这些家训的传承，使得杜氏家族从一世祖、汉武帝御史大夫杜周算起，经西晋政治家、军事家杜预，唐朝宰相杜淹，到一代诗圣杜甫等，名人代出。

金东区澧浦镇琐园村，是严子陵的后代严守仁在明朝万历初年带着族人迁居形成的。家训中记有"子孙各宜安分守己，切不可争讼""人生各有职业，耕读为本，不可不务，其余为工为商都可资身，如子孙不务生理，游手好闲，及流为下贱者，即令家长奉祖训斥之"。这些家训无不体现了严氏家族崇尚仁义、崇学重教、求真务实、自强不息的高尚品格。

位于金东区傅村镇山下头村的沈氏，是明朝景泰七年（1456年），沈约三十一世孙迁居至此。在其《沈氏家训》中，记有"凡读书者，春冬朔望俱听，入祠会课，本祠俱有支给。艺佳者另赏笔墨，进学者给与花红，示劝贤培国器也"。沈约曾在宋、齐、梁三朝为官，淡泊明志，洁身自好；其子沈旋、沈趋成高官后，也以清正廉洁著称；其四十一代孙沈感卿用寿银捐建"仁寿桥"；第四十六代孙、抗日游击队老战士沈仲阳遗孀将祝寿款捐资修建环村道路；第四十九代孙沈才捐资50万元，在"仁寿桥"

上游捐建"余庆桥"。这个有500多年历史的山头下村，也被誉为"仁义古村"。耕读传家、经商诚信、好善乐施、齐家之法等家风，镌刻于沈约后裔基因中，代代相传。

家训家规作为一种代际教育诫训方式，在家族中以文字形式逐渐形成并传播。这种家训家规为金东地区各家族所重视，是一种家庭文化的传播方式。这种传播在不断与外界接触和融合中，形成了一种行为范式甚至社会制度的建设内容，成为社会人文精神的一部分。从金东时人留下的居所也可以看出家训在生活中的影响。金东地域覆盖着星罗棋布的婺派建筑，阡陌纵横的老街古巷，历经数百年甚至逾千年的古迹被保护得很完好，这些具有浓郁传统文化底蕴的遗址，既体现了时人对古建筑古村落的文化涵养、自觉保护和长久的文化自觉，也显示了家规家训对时人行为潜移默化的影响。金东几代人几百年间中的生活习俗、价值观念、劳作方式等在逐渐趋于认同中，形成了具有共同遗传特质的名人基因，而以名人基因为纽带形成的文化认同，是金东地区人文精神形成的基础。

三、金东名人基因产生的历史人文环境

在金东区岭下镇翁村东七坑口存有新石器时代晚期的村落遗址，秦汉时期金东区塘雅镇的五渠塘窑已是主要窑口，魏晋南北朝时黄初平传播的道教即开始兴盛，足见金东文化历史久远、底蕴深厚。

金东依山傍岭，溪清水秀，深受中国农耕文明的影响。农耕文明的千年延续，使得这里的人们能够敬贤守善，固本培元。贤达名臣、文宗泰斗、革命先驱、乡贤志士、科学大家、教育名家、翻译名家、出版大家等杰出人物在金东各区域皆有覆盖。

孝顺镇的三国时期吴国大将留赞、南宋宰相叶衡等一批名人让这个镇文化底蕴深厚，厚积薄发，成为浙江省百强名镇。

赤松镇的南宋宰相王淮，被宋孝宗称为"不党无私，刚直不阿"。他竭力举贤，李焘、朱熹、吕祖谦、辛弃疾、陆游等都曾受其荐举。在枢密院时，他力主抗金，建议"择将、备器、简兵、足食"；批评只知"以和为和"，不知"以和为战"；又注重赈济遭水旱灾害的饥民，奏请宽刑减赋，颇有贤名。

傅村镇柳家村东北角乡道边的"宋濂故居遗址"，印证着宋濂这位与高启、刘基并称为"明初诗文三大家"，又与章溢、刘基、叶琛并称为"浙东四先生"，被明太祖朱元璋誉为"开国文臣之首"，被学者称为太史公、宋龙门的元末明初著名政治家、文学家、史学家、思想家而名留青史。其"有明肇兴，制度沿革，多所参定"，更是宋濂在中国历史地位上的重要体现。

金东曹宅大黄村人的教育家和著名社会活动家黄人望、翻译家傅东华、剧作家邵钧林、清朝北麓书社创始人曹开泰在不同领域各领风骚。清代著名天文学家龙山村人张作楠，辞职回乡后，潜心研究天文，"与其浪费无益，敦若以薄俸招致工匠制仪器刻算书，俾绝学大昌乎"。其耕读求真的禀赋传承至今。

到近现代，更有黄宾虹、施光南、艾青等一代名家享誉世界，还有红色基因的代表人物钱独罕、杨民经、雷烨等让后人一直敬仰。

  金东地区至今留存的古宅村落、名人故居等具有浓郁传统文化底蕴的遗址，都显示出千百年来这些名人贤士被金东人所敬仰和传颂。其实，名人的存在本来是个体行为，偶然的名人效应会引发家族的崇拜或更多人的效仿，从一个家庭、一个家族或一个村落逐渐扩散开来，形成了一种个体力量难以撼动的、具有基因链条式的环境力量。这种环境力量使这一区域的"名人基因"具有某种必然性现象。这种必然性现象在没有外界颠覆性力量进入时，将会借助其内部的呵护形成惯性力量可持续发展下去，并交织构成了名人荟萃、层出不穷的名人基因图景，也形成了该地域的文化特质与社会发展的因果关系，最终形成了这一地域独具特色的人文精神。各地域之间名人基因的差异化，可以影响或导致地域间人们思维方式或行为方式的差异化，从而表现出不同的人文精神内核。

四、继往开来的金东人文精神

  "耕读求真、实干创新、包容奋进"的金东人文精神，从金东区各镇村留存的昔日古迹宅院中、从代代金东人积累的财富中都能表现出来。在金东区澧浦镇的琐园村、塘铺村、郑店村，岭下镇的岭五村、后溪村，江东镇的雅湖村，赤松镇的仙桥村等至今保存完好的古村落中，可以看出金东人对传统、习惯和技术循环往复的忠实程度，也代表了他们坚忍不拔的基因特性。金东名人的耕读文明，使金东乡贤辈出，并逐渐形成了这一地区晴耕雨读的劳作和教育习惯，而这些名人的苦读书求探索、坚持不懈做实事所形成的名人基因效应，潜移默化在其地域间渗透和扩散，形成了该地域独特恒久的人文精神风貌。

虽然在过去的几十年里，金东区发生了根本性的变化，水泥钢筋筑起了街区的宏大，现代化的城市风貌也不断打造中，但在被山清水秀环绕的巷弄纵横、墙檐相接的古村镇中，透过那一砖一瓦的诉说，积蓄其间的名人基因却一直存在。金东人自幼耳濡目染的名人文化润无声息地影响着当代，无论外来基因怎么影响，无论现代文化如何融入，金东名人基因表现出的直面现实、顽强拼搏、百折不挠、驰而不息的精神似乎从来就没有中断过。

从名人基因探求金东人文精神，本身就是金东地域对人的尊严、价值、命运的关怀，对先人留下的精神文化的高度珍视，是对新时期人力资源的再重视。这与金东两千多年重视耕读重教、养贤敬贤的传统是一脉相承的。金东地区今天的沧桑巨变、三产鼎立中，有对金东名人基因的继承和渗透，有人文精神的宏大叙事。如在美丽乡村建设中，金东区特别注重用文化提升乡村内涵品质的建设，在各村镇中依托名人基因、资源禀赋打造"一村一色""一堂一品"的乡村文化记忆，让"乡愁"与"时尚"互融。

事实上，自2012年联合国启动"国际全球环境变化人文因素计划"起，包容性财富的意识被广泛重视。衡量财富的要素包括石油和森林等自然资源、教育水平、劳动力熟练程度、社会基础设施完善程度和机械化程度等，拥有丰富而充足的人力资本成为财富的象征。而这种人力资本的形成不仅仅是单纯的学校教育，更要一种体现人文精神的环境布局。"人人受教育，人人教育人"的社会环境，才能使名人基因遗传、生长和进化，才能为提升人力资本奠定基础，也才能使地域更好地发展。

五、结语

生物学的基因是指控制生物性状的基本单位，也就是所说的具有遗传效应的 DNA 片段。这一生物学概念延伸到人类的精神研究层面，就出现了"文化基因""红色基因""名人基因""奋斗基因"等，这种精神层面的基因表现为信念、习惯和价值观等，也可以像是生物学意义上的个体或家族基因那样遗传，也可以似链条延伸至族群及其族群所在的地域，在更广泛的区域内产生影响，并逐渐形成为该地域厚重的文化底蕴和人文精神。金东区委提出的"耕读求真、实干创新、包容奋进"十二字金东人文精神，正是对融入金东人血脉中鲜活的名人基因的具体表达，也是对金东名人基因效应的挖掘和释放。

金东地区传承了良好的名人基因成长环境、现代市场经济发展后依然珍视的文化氛围，与新时代相呼应的金东人文精神展示了这一地区精神文脉的延续和发展，新的人文精神所带来的包容性财富增长值得期待。

参考文献：

陈昆忠，1998. 金华历史名人传［M］. 杭州：杭州大学出版社.

李英，2019. 金东［M］. 杭州：浙江人民出版社.

刘鑫，2020. 金华名人与家训［M］. 南京：河海大学出版社.

脱脱，1977. 宋史［M］. 北京：中华书局.

王懋德，等，1965. 金华府志［M］. 台北：台湾学生书局.

王治国，赵泰珵，1999. 康熙《金华县志》［M］‖罗月霞. 宋濂全集：潜溪录卷二. 杭州：浙江古籍出版社.

宗源瀚，2019. 浙江全省舆图并水陆道里记［M］. 北京：学苑出版社.

金东人文精神理论与实践研究

人文精神能照亮经济社会发展的路程

——论金东区人文精神概述提炼和传承运用

何成明[1]

内容提要：金东人文精神提炼和传承运用，使人文精神照亮了经济社会发展的路程。本文深入分析金东区人文积淀厚重的"人"字区域，列举金东名人后裔集聚村落，阐述金华人文精神与金东区发展的关系。

关键词：人文精神 经济社会发展路程

2001年，金华行政区划发生变化，撤销金华县，设立婺城、金东两区。由此，原来指金华县东部的方位词"金东"，成了一个县级行政区的名字——金东区。

---

[1] 何成明：《金华日报》资深记者。

要论述作为行政区的金东的历史文化、人文精神及其演变、人文精神的提炼和传承，我认为还得扯上它的邻居"义西"——义乌市西部，将"金东义西"作为地理单元来考察、研究，才能精准地提炼出金东区的人文精神。

人文精神的形成及影响是呈区块状的，无法做到像行政区划分那样具体、明确和精准。行政区的划分可以以一条路、一条溪或一座山截然地分出甲县和乙县，但人文精神的发育、形成、积淀和影响，不会以一条路、一条溪或一座山为界，造成行政区域内与外的截然不同。客观的现状是，在两县周边的一个区块里，会有着相同或相近的文化传统和人文精神。金东义西两地耕作方式、生活习俗和方言俚语相同相近相通。如沈宅和山头下是相邻村，同为沈约后裔集居村，但前者属义乌市，后者属金东区。而低田村分属两县，一部分属义乌市，大部分属金东区。我们在总结提炼这两个村的人文精神时，能简单地以行政区划来区分吗？显然不能。

2010年，金华市开始建设"金义都市新区"。金义都市新区正好位于金东义西这块土地上，范围包括金东区的孝顺镇、鞋塘办事处、傅村镇、曹宅镇、塘雅镇、澧浦镇，义乌市的上溪镇、义亭镇、佛堂镇。这个实例证明，金东义西不仅地理相连，人文精神相近相似，而且经济社会建设的步伐也相一致。

所以，要说金东的人文精神，自然会与义西有关，以至形成一个"金东义西"的地理区块和文化区块。

一、人文积淀厚重的"人"字区域

在浙江，东北至西南走向的会稽山脉横亘在绍兴、金华两地，此山脉到了兰溪才被兰江斩断。会稽山脉在金华境内称北山。北山如"人"字的一撇，镌刻在金东义西的土地上。北山南麓发育着一条溪流，过去叫潜溪，现在叫航慈溪，它是金华与义乌的大致界溪。此溪由北向南潺潺而流，到了低田村汇入义乌江，向西流向金华城。航慈溪如"人"字的一捺，书写在金东义西的土地上。

从古至今，生活在这个"人"字区域内的人们，得肥沃土地的滋养，得耕读风尚的浸润，酿造出了醇厚的历史文化美酒，养育出一批批历史文化名人。在金华市域内，这里的人文发育是最早的，人文积淀也是最厚重厚实的。

1. 人文发育的悠久

金东义西早在 9000 年前就有人类居住了。2019 年，浙江省考古界在义乌桥头（桥头村与金东地界的直线距离只有 7 公里）遗址，发现了浙江省境内迄今为止最早的完整人类遗骸——一具完整的成年男子骨架，经测定，距今 9000 年了。自 2012 年以来，在桥头遗址出土了成百上千的上山文化中晚期彩陶。考古学家根据一只装酒的陶器猜测，当时的桥头人可能已经掌握酿酒技术。更令人称奇的是，桥头遗址也发现了"环壕"。由此可说，在 9000 年前，生活在金东义西这块土地上的人就能修建护城河了。

2. 文化积淀的厚重

前些年，金华市确定了22位金华古代和现代名人。其中，黄初平、吕祖谦、宋濂、黄宾虹、邵飘萍、陈望道、吴晗、曹聚仁、艾青、施光南就出生或成长在"人"字区域内。这块土地上的"金华名人"占到全市近一半。你说这块土地的历史文化能不厚重吗？其实，在这块土地上成长的名人还不少。如宋朝抗金名臣郑刚中，南宋孝宗朝两任宰相叶衡和王淮，清朝嘉道年数学家、天文学家张作楠，中国共产党早期的创建者之一施复亮，等等。

3. 家国情怀

生活在金东义西的人们素有家国情怀。一旦国家遭受外来势力的入侵，就会奋起抗争，抵御外患。金东区的郑刚中、雷烨和当年的金萧支队第八大队堪称代表。

郑刚中为探花出身，是南宋与岳飞、宗泽齐名的主张抗金的名臣。绍兴十四年（1144年）甲子，郑刚中出任陕西分划地界使，奉命到陕西与金使划定疆界。金国使臣乌陵"欲尽取阶、成、岷、凤、秦、商六州，刚中力争不从，又欲取商、秦，于大散关之界，刚中又坚不从。据理力争，面折金使"，从而保全了宋朝的疆土。后来，郑刚中被秦桧污陷入罪而含冤去世，直至秦桧死后，他才得以昭雪，被追谥"忠愍"。

雷烨是孝顺镇后项村人，八路军战地记者，牺牲在抗日战场上。2014年9月1日，民政部公布了第一批在抗日战争中为国捐躯的300名著名抗日英烈和英雄群体名录，雷烨名列其中。

雷烨少年丧父，后考入浙江省立第七中学读书。初二时，母亲去世，雷烨辍学回家种田，抚养4个年幼的弟弟妹妹。1937年，抗战全面爆发后，雷烨怀着一腔保家卫国的豪情，到延安抗大学习。经过学习，他加入了中国共产党，成为八路军总政治部组建的前线记者团成员，任第一组组长。1943年4月，日军调集大批兵力围攻晋察冀画报社驻地（河北省平山县曹家庄）。雷烨指挥村民转移后带领两名警卫员向北突围，与敌人遭遇。他们击毙10余名敌寇，结果雷烨负了伤。他命令两名警卫员突围，由自己来抵抗。因寡不敌众，雷烨将心爱的相机、自来水笔、望远镜等砸毁，用最后一颗子弹结束了自己的生命，年仅29岁。

抗战时期，共产党领导的抗日武装金萧支队第八大队于1942年7月诞生在金东义西。至今傅村镇畈田蒋、溪口一带还存有这支队伍开会、办报、住宿的旧址。这里的老百姓掩护并紧跟这支队伍打击日本鬼子。义西萧皇岩一战、吴店塘西桥一战、金东莲塘潘（今潘村）一战，都是第八大队以少胜多的有名的歼敌仗。

二、金东多名人后裔集居村落

每个县级行政区都是由一个个乡镇组成的，乡镇又是由一个个村落组成的，村落则是由一个个家庭组成的。由此可以说，一个县级行政区的社会风气是由各个村的村风、每个家庭的家风凝聚、升华而成的。

金东区名人后裔集居村落较多，分别有沈约后裔、范仲淹后裔、宋濂后裔、王彦超后裔、严子陵后裔、柳贯后裔集居村。名人的品格衍化为家风,并传承给后代。名人后裔集居的村落,往往有着好的家风和村风。众多充满着正能量的家风、村风,既是金东区厚重人文积淀的体现,也是当今金东区优秀文化传统之所在。

1. 沈约后裔集居村落

沈约是梁时的尚书令,曾任东阳郡太守,也是一位文学家。金华城内的八咏楼就因他写了8首《登元畅楼》的诗作而得名。沈约后裔先聚居在义乌沈宅,后三十一世孙迁居山头下。沈宅和山头下同为沈约后裔集居村。

据山下头村的沈氏家谱记载,沈约对后代教育十分重视,要后人认真学习,孝敬父母,不能嫖赌。数百年来,沈家果然门庭兴旺,培育出了不少人才。如今山头下被列入省级历史文化保护区、历史文化名村。

2. 范仲淹后裔集居村落

塘雅镇溪干村是北宋著名思想家、文学家范仲淹后裔清江支派的最大集居村。范仲淹的义子范纯诚曾任婺州节度使,死后安葬在溪干村的蛇山。他的儿子范正辞留在溪干村守墓,从此后代就在这里定居下来。

每年农历二月二,溪干村村民都会以举行划旱船的方式祭奠祖先。据说,1427年,范纯诚的玄孙范泉到溪干村省亲,农历二月初二从溪干村义乌江渡口乘船返回,不幸翻船沉江。第二年,溪干村便有了二月初二划龙船的习俗,以此表达对范泉的追思。

那时候，龙船张灯结彩，船头书有范仲淹的传世之作《岳阳楼记》，船中置放范仲淹雕像，族人称之"第三相公"。后来，将划龙船改为了划旱船。

3. 宋濂后裔集居村落

宋濂是明初著名政治家、文学家，被明太祖朱元璋誉为"开国文臣之首"。宋濂对后世影响最大的文章是《送东阳马生序》，讲述了他少时刻苦读书的故事，旨在教育后人要刻苦学习，有所成就。

宋濂后裔主要集居在兰溪市横溪镇宋宅村，大约有3000多宋氏子孙。宋宅村地处北山北麓，坐落于"人"字区域内。每年宋濂生日（农历十月十三），村里都有纪念宋濂的活动。金东区曹宅镇上目宋村也是宋濂后裔的集居村。宋濂客死他乡后，他的儿子宋瓒因念及宋家祖先葬在金华，就让自己的儿子宋恺回金华。宋濂生前已由金华县迁居浦江县，但宋恺没有在浦江定居，而是徙居金华县赤松乡芝麻山头。后来，宋恺的孙子宋銮入赘杨宅村的杨氏。宋姓繁衍不断，到了明末，杨姓渐绝，改村名为"上目宋"。由此可见，上目宋的村名，凝结着宋濂后裔尊祖敬祖的好家风。

4. 严子陵后裔集居村落

严光，字子陵，是东汉时的著名隐士。严子陵与东汉光武帝刘秀是同窗好友，曾帮助刘秀起兵。刘秀即位后，多次邀严子陵当大官，但他没有受邀，而是隐姓埋名，退居富春江畔著书立说、设馆授徒。他的这种不慕富贵、不图名利的品格，一直受到后世称誉。范仲淹在《严先生祠堂记》中称赞他："云山苍苍，江水泱泱。先生之风，山高水长。"

金东区孝顺、澧浦一带有多个村是严子陵后裔集居村。明朝初，严子陵后裔严正由徽州严家滩迁居金华，以开设盐店为生，村名先称盐店，后改名严店。后来，白水塘车客村、紫江塘村、琐园村和湖北村、黄固塘村、汪宅村，都是严姓村落。

严氏世家有好家风，《严氏家训》规定了严家后人劳作、做人、睦邻、学习、生活各方面的行为准则。如第十三条："慈爱恭敬，可以修身，可以齐家，可以治国，可以平天下，安富尊荣，由此而出。"第十五条："贤者德重，则服人也众；德轻，则服人也寡。观服人众寡，知己德之重轻。"严氏家训潜移默化着一代代严氏后人。

5. 王彦超后裔集居村落

王彦超，字德升，大名临清（今河北临西）人，是五代至北宋初年的著名将领。北宋建立后，他被封为邠国公。后来，王彦超带着家人定居在义乌南部山区，形成了凤林王氏家族，其中一支迁至澧浦镇蒲塘村。

蒲塘村西北角有一座文昌阁，阁内上供文昌帝，下供关公。门楼之内挂"文昌武曲"的牌匾，大门口有"文经武纬"的祖训。一座建筑内将文昌帝与关公一起供奉，其寓意不言自明，就是要王氏后人能文能武。蒲塘村民喜欢练"五经拳"，它适在小弄堂散打，易攻能守，能以少胜多。目前，五经拳被列入金华市非物质文化遗产名录。

另外,凤林王氏家族的王淮是南宋孝宗朝的宰相,其后裔集居地在金东区赤松镇王宅村。

6. 柳贯后裔集居村落

柳贯是浦江横溪(今兰溪,横溪处北山北麓,坐落于"人"字区域内)人,翰林待制,兼国史院编修。他与虞集、揭傒斯、黄溍并称元代"儒林四杰"。傅村镇上柳家村、下柳家村是柳贯后裔集居村。柳贯一支后裔集居在金东,与宋濂有关。宋濂20岁时师从柳贯,与柳贯的儿子柳因成了好友。后来,柳贯到宋濂所在村附近建村,就是今天的上柳家村和下柳家村。宋濂的侄孙女还嫁给了柳贯的孙子柳橒。

三、金东人文精神的提炼

人民是历史的创造者和推动者。具体到历史文化名人,他们以自己的德行、作为、贡献和影响力,成了某个时期一个地方文化和精神的代表。所以,凡是历史文化名人辈出的地方,人文积淀肯定厚重。依据前面对金东义西的历史文化介绍,我们能了解到金东的人文底蕴和地域特色,从而归纳出金东的历史文化特征和人文精神。

1. 耕读风气浓厚

农业文明时代,耕读是高层次的事,是人们孜孜追求和向往的。"耕"是劳作,从事的是农业生产。当农业生产解决了人的吃饭问题后,人们就"仓廪实而知礼节,衣食足而知荣辱",开始向往"读"了。金东义西这片土地位于金衢盆地的东端，义乌江自东向西流过，土地肥沃，水利条件好，是粮食主产区，生活在这里的人基本上能丰衣足食。所以，生活在金东义西这块土地上的人就有条件去读书，能出现一批批读书人。学而优则仕，一些读书人通过科举进入仕途，在更高层面、更广领域建功立业；也有的读书人成了某个领域的专家。这就不难理解，金华文化名人近一半是出现在"人"字区域内的。

2. 求真创新

在"人"字区域成长的名人有一个特点，就是好接受新观念、新思想，做事务实求真。如施存统在浙江第一师范读书，接受了新思想后，对传统的忠孝观念能取其精华去其糟粕。他在老师陈望道的指点下，写作《非孝》一文，掀起了浙江一师风潮，进而引发了闻名全国的传统观念与现代观念大冲突的辩论。后来，他接受了马克思的共产主义思想，成了中国共产党最早的一批党员之一。再如钱兆鹏，他于1925年参与成立了金华第一个党组织——金华支部，1926年7月又建立了金华第一个团组织——金华独立支部，发展一批青年积极分子入团入党。另外，人民音乐家施光南的音乐创作、艾青奔赴延安追求光明的经历等，也都是践行求真创新的最好例证。

3. 宜居和包容

金东的名人后裔集居村并不是名人的始居地，而是他们的后裔从别处迁移至金东的。先由一户人家落脚，再不断繁衍，成了一个村或数个村。这说明，金东是宜居之地，适合他们落户、生根。一个地方适合人住居要具备两个条件：一是自然环境，有土地让他们耕种，有好的气候适合农作物生长。二是人文环境，周边原住民不排外，能接纳新来的居民，或是新来的居民能以良好的心态和公关手段与原住民建立起融洽的关系。金东范围内有这么多名人后裔集居村，说明原住民与新居民能相互包容。

金东义西的儿子艾青有一句诗很出名："为什么我的眼里常含泪水，因为我对这土地爱得深沉。"显然，艾青所爱的土地也包括生他养他的家乡——金东义西（艾青的外婆家在义西王阡村）。为什么艾青会深沉地爱家乡，是因为金东义西这块土地有着他值得爱的地方：有物质层面的美地美景，有精神层面的人文积淀。现在金东区提炼出"耕读求真、实干创新、包容奋进"的人文精神，我认为是恰当的，既合于金东的地理特征、文脉传承，也富有时代特征，且与金华精神、浙江精神相通。

四、金东人文精神与金东区发展

"耕读求真、实干创新、包容奋进"的金东人文精神，从历史中走来，走向当今，走进现实。金东人文精神是对金东历史的概括和总结，也是对金东人性格的定义和提炼。人文精神是一盏照亮当地经济发展、社会进步的明灯。金东人文精神指明了规划金东发展的方向，并鼓舞着金东人民不断向前，最终衍化为金东发展的内在动力。

1. 指明了规划金东发展的方向

人有两种基因：一种是生理基因，它决定着一个人的身高、长相等生理特征；另一种是文化基因，它决定着一个人的性格特征。生活在同一个地方的人们，有着相似或相近的生理特征和性格特征。一个地方的人文精神，是生活在这个地方的人的文化基因，它决定并影响着这个地方的人的思想观念、价值取向、行为习惯和信仰性格。一方水土养一方人，说的就是这种现象。

金东人文精神是金东人的性格写照。性格决定着人的行为方式和思维方式，进而影响着行为结果和思维结果。金东的人文精神，指明了规划金东经济社会发展的方向。

金东区的发展，除了提升经济社会发展和建设金东新城外，还有一项更大的使命，就是建设金义都市新区。金义都市新区的定位是：将与金华市区、义乌共同建成总人口400万的浙江省第四大都市区、全省经济发展的重要增长极和长三角经济圈南翼中心城市区。建设金义都市区直观的解释是金华经济社会发展的必然。然而，透过经济社会发展的政策层面，却有着更深层的人文精神的考虑。金东义西人文精神相通、相同，建设金义都市区可以做到两地的人心相通、力最相合，在新区规划、道路对接、产业布局上，可以减少因分属不同县级行政区划带来的诸多不便。

2. 鼓舞金东人民不断向前

人文精神的功能之一是：树立或增强人的信心，鼓舞人的干劲。金东人文精神一旦为金东人民所认同、接受，就能起到鼓舞金东人民不断奋发向前的作用。

金东区建区之初，曾提炼出"团结拼搏、苦干实干、与时俱进、创新创业"的金东精神，激发起全区人民的创业热情，有力促进了全区经济快速发展和社会全面进步。现在，金东区提出了"建设和美金东、打造希望新城"的发展规划。实现这个规划，首先要有信心，其次要有踏踏实实的行动。信心是需要鼓舞和激励的。鼓舞、激励的内容之一就是人文精神。弘扬和践行金东人文精神，能推动金东各项工作不断迈上新台阶、实现新跨越。

3. 衍化为金东发展的内在动力

精神能够转变成物质，精神可以衍化为行动。金东人文精神可以衍化为金东改革发展的内在动力。自2001年设金东区以来，全区人民不懈奋斗，呈现出改革不断深入、发展持续向好、社会和谐安定、党的建设全面加强的良好局面。这些年来，金东区的创业创新硕果累累，有的已上升为金华市、浙江省的经验。

从2013年开始，金东区以"五水共治"、"三改一拆"和环境整治三项工作为抓手，探索农村垃圾分类处理的做法，到2015年5月底，在全国率先实现了农村生活垃圾分类全覆盖，走出了一条"农民可接受、财力可承受、面上可推广、长期可持续"的垃圾分类之路，形成了垃圾分类的"金华模式"。金东区从2012年试点农村居家养老服务工作，目前已建成居家养老照料中心317家，实现了农村居家养老全覆盖，金东区的做法成了"全国民生示范工程"。在浙江省实施的提升机关工作效率"最多跑一次"改革中，金东区推行"标准地+承诺制+代办制"，创造了企业拿地后13天开工建设的新速度，并使之提升为"省级标准"。另外，东孝中央贸创区、东湄中央未来区、江岭高新智造区建设，正成为新时代金东发展的动力和引擎。这一切都是金东人文精神所蕴含的强大生命力和无穷创造力的体现。

培育和弘扬"金东人文精神"的探索与思考

吐尔文江·吐尔逊[1]

内容提要：人文精神是人类文化创造的价值和理想，是指向人的主体生命层面的终极关怀，是人的现实社会文化生活的内在灵魂，也是支撑特定民族文化生生不息向前发展的核心动力。本文从金东人文精神的时代背景、丰富内涵、培育弘扬等方面展开论述。

关键词：培育 弘扬 探索 思考

一、人文精神的理论概念

文化兴则国运兴，文化强则民族强。人文精神是文化的内核，是一个国家、一个民族、一个地区发展繁荣的内生动力。"人文

---

[1] 吐尔文江·吐尔逊：浙江师范大学边疆研究院教授。

精神"在20世纪90年代以来成为我国学界广为关注的论题。1993年第6期《上海文学》发表王小明等人的对话录《旷野上的废墟》,开始明确提出"文学的危机实际上暴露了当代中国人人文精神的危机"。1994年《读书》杂志上特别开辟《人文精神寻思录》专栏,发表了一系列的对话录,将这场讨论推向高潮。

从辞源学上来说,"人文精神"一词是由人文主义演化过来的。所以,"人文"一词虽然古已有之,但"人文精神"一词却是外来的概念。大约在15、16世纪,西方学界提出"人文科学"概念,用以和神学相区别。后来,人文科学逐渐演变为对人类的社会现象和文化现象的研究,包括哲学、政治学、法学、伦理学、语言学、文艺学等学科。人文精神同科学精神一样,是人类历史长期积淀的精华,是整个人类文明的精神升华。人文精神是对人的存在价值和生命意义的关注,不同的国家,由于历史时代背景的不同,人文精神所包含的内容也就不同。总的来说,人文精神是人类文化创造的价值和理想,是指向人的主体生命层面的终极关怀,是人的现实社会文化生活的内在灵魂,也是支撑特定民族文化生生不息向前发展的核心动力。人文精神作为一种人格力量的体现,是一个现代社会文明人所应当具备的基本素质;人文精神作为社会发展的一种价值坐标,是一个现代化社会发展成熟程度的基本标志。如果缺乏人文精神,对个人而言,是丧失了个体存在的根本依据;对社会而言,则意味着价值信念的失落,民族文化传统得以延续的深层链条的断裂。

二、培育和弘扬金东人文精神的时代背景与当代探索

金东区境，北靠金华山，南依仙霞岭，风光自古旖旎，人文向来深厚。婺水西流，新城东起，航慈溪、赤松溪、东溪、西溪，皆为文脉兴盛处，儒道释三家汇流于此，见诸金东历史风貌，正是"凭仗东风次第开，未攀已得好香来"。

当前的金东正呈现出政通人和、上下同欲、拼搏实干、风清气正的良好局面。金东区委紧扣建党百年和设区20周年的时间节点，对标对位"四个参照系"，提出了"和美金东、希望新城"的发展方位和工作主题，明确了"实业兴区、创新强区、生态立区、人文富区"四大战略，确定了力争八个方面工作走前列、立潮头，八项主要经济指标翻一番的工作目标，引导全区干部群众认清形势变化，提升站位格局，为各项工作全面开展凝聚了力量、提供了有力指引。金东区以"三服务"活动为抓手，深化"最多跑一次"改革，提升了发展活力。

深入开展重点工作"晒拼创"，经济发展态势稳中有进、进中向好。金东连续三个季度在全市重点工作"晒拼创"中荣获优秀。在2018年经济增速较快的基础上，展现了提质晋级的良好态势。加快谋划建设"三大平台"，拓展了发展空间，增强了发展后劲。大力推进"双百双千"百日攻坚，破解了发展难题，积蓄了发展动能。聚力文明城市创建，擦亮了和美底色，提升了城乡品质。深入开展"文明进万家时尚我先行"活动，持续发力抓创建，屡获红榜表扬。小城镇环境综合整治实现"满堂红"，国家

卫生乡镇覆盖率居全省前列。聚焦八件民生"关键小事"，提升了幸福质感，彰显了发展温度。坚决打赢"消积案、保平安、迎大庆"百日大会战，提升了治理水平，夯实了发展之基。打出抓人促事系列"组合拳"，提振了精气神，锤炼了好作风。

对国民进行深层的人文启蒙，倡导和重塑社会的人文精神，形成公正平等的理性精神和追求真理的科学态度，这是中国稳健迈向21世纪的重要精神动力。人文精神的重塑，在于符合中国特色社会主义所需要的价值理想、价值信念，真正成为普通中国人在日常生活中身体力行的理想和信念。人作为生产关系和社会关系中的主体，要提高主体意识和促进人的全面发展，唯有通过人文精神的营造和重建来丰富人的精神生活，全面增强和提高人的现代素质，走科教兴国之路，促进全民族科学文化素质的提高，才能改变现实状况。因此，当代中国人文精神的重建，其核心应是：在继承和光大民族优秀文化传统的前提下，在发展社会主义市场经济中，把培养当代中国人主体自觉意识和塑造现代人格以全面提高国民素质作为一项基础系统工程。习近平总书记指出，要深入挖掘中华优秀传统文化蕴含的思想观念、人文精神、道德规范，结合时代要求继承创新，让中华文化展现出永久魅力和时代风采。

正是在这样的理念下，金东区委四届五次全会提出人文富区战略，需要传承地方文化基因、契合发展实际、充满感召力量的人文精神引领支撑，为共建"和美金东、希望新城"提供强大精神力量。为此,金东区开展了人文精神大讨论,经过广泛征集,深入提炼,形成了"耕读求真、实干创新、包容奋进"的金东人文精神。一方水土,孕育一种精气神。金东人文精神深刻揭示了金东地域文化的精神实质与价值所在,是金东人民在千百年来的奋斗发展中孕育出的宝贵财富,始终激励着金东人民励精图治、开拓创新,显示出强大的生命力、凝聚力和创造力。2002年,习近平在浙江工作期间来金华调研时指出:"要十分重视历史文脉的继承和发展,弘扬传统文化和地方特色文化,切实把文化资源保护好、开发好、利用好。""要注重城市居民素质的提高,用健康的、文明的、向上的文化引导人、教育人、提高和陶冶人的情操。"[1] "耕读求真、实干创新、包容奋进"的金东人文精神是金东人文底蕴、地域特色、时代特征的高度凝练,是金东人民赓续文脉、奔竞不息、开拓进取的价值追求,与浙江精神高度契合,与新时代金华精神气息相通。

三、培育和弘扬金东人文精神的思考

人文精神既是一个理论命题,更是一个实践命题,需要从理论和实践相结合上下功夫。金东区在培育和弘扬金东人文精神方面开展了一系列工作,取得了显著成绩。同时也要看到,新形势下培育和弘扬金东人文精神工作仍存在体制机制不健全、载体方

---

[1] 习近平.干在实处 走在前列:推进浙江新发展的思考与实践 [M]. 北京:中共中央党校出版社,2006:508—509.

式不适应等薄弱环节。今后,要紧紧围绕"和美金东、希望新城"发展主题,秉持"重在平时、重在行动、重在基层"理念,按照人文化、实体化、大众化要求,进一步全方位地、创造性地、深入地开展金东人文精神的培育和弘扬工作。突出培育主题,把握培育方向,深化培育内涵,丰富弘扬形式,扩大参与范围,提升弘扬水平。大力营造"耕读求真、实干创新、包容奋进"的社会氛围,为实现把金东建成最具希望的都市核心区、最具活力的重要发展区凝聚精神力量。

1. 强化顶层设计

培育和弘扬金东人文精神,首先是政府机关及领导干部的政治责任。要将培育和弘扬金东人文精神工作纳入各级、各部门领导班子和领导干部政绩考核内容,贯穿各级、各部门的理论学习、党校教育中。要强化政策保障,建立正向激励机制。充分发挥党员干部的示范引领作用,提升党员干部的人文素养,通过有境界有涵养的干部队伍影响带动人民群众。要建立整体规划,通过进行深入调查研究,梳理相关文化资源,制定弘扬金东人文精神整体规划。推动培育和弘扬工作向纵深拓展,把重心下沉到社区、乡村、学校、企业等基层单位,不断加大培育和选树示范、模范的工作力度,加强金东人文精神示范区和示范单位建设。

2. 组织专责机构专班,负责金东人文精神的策划、宣介、推广工作

弘扬金东人文精神既有理论、文化内涵,又有具体的实践操

作。涉及面广，工作需要持久开展才能见效。因此，必须要有一个专门的班子持续性地负责筹划大局、策划项目、督办具体工作，否则弘扬金东人文精神的工作最后可能就会变成一场热闹喧嚣过后，归于沉寂。建议由宣传、文化、招商、发改局等部门的人员组成非建制性但有权责的固定工作专班。

3. 多方位、多形式讲好"金东人文精神故事"，创新载体平台

把金东历代先贤、文化科技名人"耕读求真、实干创新、包容奋进"的学说、事迹、言行、故事等，制作成标牌、招贴画、小册子，树立或张贴在公共场所，发放给外来人员，让干部、群众经常能领受到人文精神的浸润。搭建"草根化、接地气"的展示舞台，通过戏剧、文学、书法、摄影、民间文艺、草根宣讲员等方式，推动金东人文精神普及，潜移默化地影响人们的思维方式和行为模式。还可以开发一批富有地方特色、包含金东人文精神内容的文创旅游纪念品，扩大传播效果。在小学中，给孩子们讲授金东古代先贤和现代名人的故事，将他们的学说、言论纳入国学教育之中。借助黄大仙等道教、民间信仰群众性强的平台，设计合适的产品，宣传、介绍、推广金东人文精神。

4. 加强金东人文精神教育

引导人民群众不断增强对"耕读求真、实干创新、包容奋进"的认同，要传承发展金东优秀传统文化，大力实施金东优秀传统文化传承发展工程，推动金东优秀传统文化融入国民教育、

道德建设、文化创造和生产生活。健全金东人文精神教育常态化机制，把金东人文精神教育纳入国民教育、干部教育、社会教育全过程，构建课堂教学、社会实践、主题教育多位一体的教育平台。改进金东人文精神宣传载体和方式，充分运用新技术、新媒体打造实体化的宣传载体。拓展金东人文精神宣传教育网络空间，推进"互联网+金东人文精神"行动，打造网上文化交流共享平台，有效发挥互联网平台的传播作用，制作和推介以弘扬金东人文精神为主题的视听材料，在网民聚集的论坛、贴吧、公告栏、群组讨论中有针对性地投放弘扬金东人文精神的相关内容，增强金东人文精神的感召力、影响力，把互联网空间建成培育和弘扬金东人文精神的新平台。

5. 实施"金东文化名人群英荟"推介工程

一个地方必有一个地方的文化，一个地方的文化必滋养一个地方的名人，一个地方的名人必做出一个历史阶段的重要贡献。自两汉魏晋以降，金东人物皆有奇气。三国留赞，吴国大将；东晋黄初平，仙名远播；两宋时有郑刚中、叶衡、王淮，皆第一等人物；明朝宋濂，一代文宗；清代张作楠，天文巨子。近代则有艾青、施光南、傅东华、"金氏四杰"，皆为名家，不同凡响。古代贤守、文化名人、乡贤志士、科学大家、教育名家、革命功臣等在各个领域中有建树、有贡献的人物层出不穷，他们的学说、言行流传甚广，影响深远，需要我们加强挖掘，大力宣传。

6. 施光南音乐节、艾青诗歌节已经成为金东区文化的两面重要旗帜

鉴于它们目前的影响力还远远不够，其文化及商业价值远没有得以体现，还有相当大的资源空间可以进一步拓展。关键是我们必须要发挥"实干创新"的金东人文精神，敢于大胆创新，勇于真抓实干。在定位上，要有将施光南音乐节打造成国内特色鲜明、民众参与性强的每年一度的国内顶级音乐节，将艾青诗歌节打造成国内文化界及社会上文艺爱好者盛会的眼界和信心。做好这项工作，需要我们跳出传统文化工作的框框，借鉴国际成熟经验，以商业运营模式为架构，以多元文化为载体。

7. 结合乡村发展战略，构建乡村人文精神

人文精神是新农村文化的生长点，是建设社会主义新农村的软实力。乡村是培育和弘扬金华人文精神的薄弱区域，需要采取更加有效的途径。要强化乡村公共道德规范。加强农村道德教化，批判不良言行，倡导传统美德，建立符合社会主义道德的农村善恶是非观。当前，要创造性地推进新时代文明实践中心建设，以之为载体，发掘当地文化元素，适应当地民情，做好周到服务，将金东人文精神引领贯穿其中，对人的价值、尊严和生存意义给予关注，必将积极改善农村的社会风气习俗。要进一步改善乡村和谐人居环境。让农村环境更加有品质，农民生活才会更有尊严。一方面积极推进乡村环境治理工作，另一方面加强环境设施日常维护和管理，建立环境设施的长效管理机制。要加快建设农村文化礼堂，进一步提升农村文化礼堂管理水平，不仅要建好，更要管好、用好，做到大门常开、内容常新、活动常态。聚集农村人气是构建乡村人文精神的关键。当前乡村青壮年人口流失严重，乡村文化的传承问题成为乡村人文情怀缺失的最重要原因，因此，要为年轻人在农村建功立业创造好的环境。让年轻人到农村的广袤天地一展所学，鼓励更多青年回乡创业，扎根农村。结合"新乡贤"理念，打造有文化、懂技术、善经营、会管理的新型职业农民队伍，他们是建成"产业兴旺、生态宜居、乡风文明、治理有效、生活富裕"新农村的种子。

当代金东区人民必将以非凡的聪明才智，承担起文化传播者和新城建设者的神圣使命，拓展眼界，聚集资源，理出脉络，遴选精华，展现时代风貌，弘扬金东精神，让一个焕发青春、朝气蓬勃的金东区走到人们面前，把一个创造奇迹的新金东区留给历史。

金东人文精神与"六事干部"队伍建设

方福建[1]

内容提要：人文精神属于人和社会的核心价值体系，属于人和社会自由发展的导向系统，体现在对生命的肯定和珍惜、对人生的觉悟和追求、对个性的尊重和发展、对社会的诚信和奉献、对自然的感恩和亲近，主旨是坚持以人为本，为建设和谐社会服务。"耕读求真、实干创新、包容奋进"的金东人文精神有着深刻的内涵，对于推动金东区"六事干部"队伍建设具有重要的指导意义。在金东人文精神的指引下，通过一系列具体的措施与方法，使广大领导干部实现"想干事、勤干事、会干事、好共事、干成事、不出事"的目标，同时，全面落实协调可持续发展，紧紧围绕人们生存和发展的需要，推动经济和社会全面发展，把

---

[1] 方福建：浙江工商大学法学院副教授，硕士生导师。

"以人为本"的施政理念体现在各项改革的稳步推进和不断深化中，使得政府的各项工作更加顺民意、合民心。

关键词：金东人文精神 以人为本 耕读文化 六事干部

"人文"一词最早出现在《周易》"贲"卦中："刚柔交错，天文也；文明以止，人文也。观乎天文以察时变，观乎人文以化成天下。"人文，是一个动态的概念。《辞海》中这样解释："人文指人类社会的各种文化现象。"文化是人类或者一个民族、一个人群共同具有的符号、价值观及其规范。符号是文化的基础，价值观是文化的核心，而规范，包括习惯规范、道德规范和法律规范则是文化的主要内容。人文是指人类文化中的先进的、科学的、优秀的、健康的部分。人文精神是一种普遍的人类自我关怀，表现为对人的尊严、价值、命运的维护、追求和关切，对人类遗留下来的各种精神文化现象的高度珍视，对一种全面发展的理想人格的肯定和塑造。人文精神的核心就是"以人为本"。也就是说，要把人放在最重要的位置上，要尊重人的价值。

一、金东人文精神的基本内涵

"耕读求真、实干创新、包容奋进"是金东人文底蕴、地域特色、时代特征的高度凝练，是金东人民赓续文脉、奔竞不息、开拓进取的价值追求，"耕读求真"体现的是人文传承，"实干创新"体现的是实践路径，"包容奋进"体现的是时代追求，三者相辅相成、密不可分，体现了金东人文精神根植历史、反映现实、引领未来的内涵,也寄托了金东人对于美好生活的向往,浓缩了金东绵延的历史和厚重的人文积淀。

(一)"耕读求真"是金东人文精神的逻辑起点

中华民族自古是以农立国,以耕读传家。从"耕以致富,读能荣身"的朴素愿望,到"胸怀天下、振兴中华"的理想追求,耕读文化自强不息、勇于担当的民族精神,培养塑造了一代又一代改天换地的英雄儿女。在中国现代革命史上,一代伟人毛泽东、刘少奇、周恩来、朱德、邓小平、彭德怀等众多领袖,几乎都出自耕读之家,不少人在少年时期是由全家合力乃至宗族合力供养上学读书,才成就了日后的伟业。

耕读文化是中国几千年农业文明社会在特定历史时期形成的乡村文化,所谓"耕读传家久,诗书继世长",成为各个阶层普遍认可的社会共识,至今仍在发挥着积极的社会影响和潜移默化的教育作用。在当今互联网高度发达的信息智能时代,历史上读书耕田的方式虽然已经时过境迁,但耕读文化的基本精神则具有永恒的社会价值,应该发扬光大。

耕读求真是金东人生生不息、永续前行的精神密码,也是金东人文精神的哲学基础与逻辑起点。"耕读"是农耕文明的优良传统。在耕读社会里,耕读人家并不专指富户人家,而是一种普遍的、经典观念的民间传统,成为全体乡民的一种规矩和民间教育习俗,把为后代营造崇文慕学的文化环境与乡民的日常生活联系在一起,是每个家庭为之奋斗的美好愿景和持家方略。即便身居都城的士人，但凡祖上是来自乡间的世家，也会在家中镌刻耕读传家旧联，表达对耕读生活的赞许。持续性、地域性、普遍性的耕读传家是浸润于金东耕读文化的核心观念，是一种家风的德泽相传，是维系家庭的纽带，蕴含着根深蒂固的聚族而居、志存高远、追求上进、吃苦耐劳等品质，也是金东耕读文化中最积极、最高昂的一部分。"求真"是宋元以来金华学派的核心思想，"求"是对价值、理想或规律的主动追求和探索，"真"为真理、至真之意。《庄子·渔夫篇》强调："真者，精诚之至也。不精不诚，不能动人……真在内者，神动于外，是所以贵真也。"求真不仅是探究事物规律、把握事物本质、发现真理的科学世界观和方法论，更是学者应有的正确的治学态度。著名教育家陶行知在晓庄师范时期就以"千教万教教人求真、千学万学学做真人"来自勉和勉人。求真体现了金东人执着于探究事物的本源与真相、讲究实事求是，说真话、做实事的特点。

  耕读求真精神所包含的孝悌为本、崇尚道德，克勤克俭、人与天调，自强不息、厚德载物，坚守初心、求真务实的深刻内涵，是当今时代金东人民具有现实价值的文化"常道"。从中华文化的发展轨迹来看，忠信守义、以身许国、精忠报国、为民造福的家国情怀，始终是民族发展壮大的根本动力，也是耕读文化的核心价值所在。历史上，中华民族先贤留下了无数壮怀激烈、感人至深的爱国事迹和壮丽诗篇，体现了"修身、齐家、治国、平天下"的价值追求。从伟大爱国主义诗人屈原到民族英雄岳飞、文天祥、戚继光、林则徐,以及近现代以来抗击外敌入侵、争取民族独立、国家富强的无数英雄志士的爱国事迹,无不体现着中华儿女热爱祖国、舍生取义、威武不屈的英雄形象,成为促进民族发展壮大的精神宝库。耕读文化所强调的"修齐治平",将勤劳节俭、读书劳动的身体力行与情操的理想追求密切结合起来,实现报效国家、造福百姓的人生价值。

(二)"实干创新"是金东人文精神的基本要求

实干创新,是金东人事业有成、敢为人先的价值追求。邓小平同志一再强调:"少讲空话,多干实事","发展才是硬道理"。创新是推动民族进步和社会发展的不竭动力,也是一个区域不断发展的内在保障。发展是第一要务,人才是第一资源,创新是第一动力。实干创新,就是要深刻领悟习近平总书记"干在实处永无止境,走在前列要谋新篇,勇立潮头方显担当"的新要求新使命新期望,始终把重实干、办实事、求实效作为座右铭,摒弃思想观念、体制机制、方式方法等固化僵化弊端,与时俱进,在高水平打造"和美金东、希望新城"的征程上,不断创造新的实践、新的样本、新的经验。

实干与创新还体现在发展的速度和质量上。创新为金东的发展提供了更强劲的动力。这些年,金东人脚踏实地,干在实处,不断创新,在社会经济发展各方面取得了优异的成绩,比如居家养老、垃圾分类、"工业用地标准地+代办制+承诺制",都是全国的创新标本。

（三）"包容奋进"是金东人文精神的内在品质

"包容"一词，源自《汉书·五行志下》："上不宽大包容臣下，则不能居圣位。""包容"字面的意思是宽容、容纳，实质是仁，是爱人，是和谐的前提，是大爱之源。"包容"就是海纳百川、有容乃大，体现着用人之长、容人之短的科学用人理念，包容干事者的执着，包容探索者的缺点。"奋进"，源自三国魏曹植《蝉赋》："翳轻躯而奋进兮，跪侧足以自闲。""奋进"就是奋勇前进、奋斗进取、追求卓越，表示一种积极进取、奋发有为的精神状态。

包容奋进，是金东人兼容并蓄、勇于拼搏的内在品质，体现的是金东人所具有的包容万物的博大胸怀和奋发有为的精神风貌。金东人素有民胞物与、四海一家的情怀，对各种进步文化兼收并蓄，对各种进步观念和生活方式尊重接纳，各美其美，美美与共。包容奋进，就是要以海纳百川的心胸和开放包容的姿态，保持敢为人先、克难攻坚的气魄，全力把金东建成最具希望的都市核心区、最具活力的重要发展区。

二、金东人文精神与"六事干部"队伍建设的内在逻辑关系

金东人文精神可以分解为"耕读""求真""实干""创新""包容""奋进"六个主题词，它对于金东区"六事干部"队伍建设具有重要的指导意义。"六事"具体而言是指"想干事、勤干事、会干事、好共事、干成事、不出事"。

(一) 金东人文精神对干部队伍建设提出新要求

俗话说：为官一任，造福一方。干部必须有所作为，才能对得起党和人民。

金东人文精神对"六事干部"队伍建设具有重要的指导意义，也对"六事干部"队伍建设提出了新的要求。

步入工商文明的现代社会，虽然人们的工作方式有很大变化，但对学习思考的追求不能松懈。作为领导干部，更应当继承和发扬耕读文化的精神，"耕以养身，读以明道"，保持终身学习的习惯，做一个贤达的、有知识有情怀的干部。"耕读"，也蕴含着"朴实、本分"的内涵。"耕"代表"耕作""种田"，"读"代表"读书"与"思考"，"种田人"和"读书人"的一大特点就是"朴实、本分"。一个追求"朴实、本分"的人，就不应该有"非分之想"，也就能够守得住底线，确保不出事。然而，一旦背离了这种"耕读传家"的精神，一些人就会蜕化变质，或成腐败分子。"求真"，则要求领导干部在工作中要求真务实，不迷信、不盲从，独立思考、独立判断，一切以人民利益、国家利益为重。"实干"就是直面现实、担当干事、讲求实效。"创新"就是打破常规、突破现状、敢于挑战。

干事是一个地区发展的希望所在。一个地区的发展，不是喊口号喊出来的，不是说大话说出来的，必须通过干部群众辛勤劳动，一点一滴积累，一件一件地干出来。正如邓小平同志所强调的，世界上的事情都是干出来的，不干，半点马克思主义也没有，只有把嘴上说的、纸上写的、会上定的，变成具体的行动、实际的效果、人民的利益，我们的工作才算做到了位、做到了家。

(二)"六事干部"队伍建设传承光大金东人文精神

"六事干部"队伍建设对传承光大金东人文精神将起到重大的促进作用。2020年4月，中共中央办公厅印发了《关于持续解决困扰基层的形式主义问题为决胜全面建成小康社会提供坚强作风保证的通知》。通知要求，教育引导党员、干部自觉加强党性修养，牢固树立正确政绩观，切实把对上负责与对下负责统一起来，决不做自以为领导满意却让群众失望的蠢事。事实上，为了让"领导满意"而搞形式主义，只是一个幌子。尽最大可能保住自己的位子，才是最根本的原因。大搞形式主义，肯定对人民群众即对下不负责，但对领导（对上）就是负责了吗？当然没有，除了对自己负责，对谁都不负责。这是典型的把个人利益凌驾于组织利益和人民群众的利益之上，是极端的个人主义，是彻头彻尾的自私自利。

"六事干部"队伍建设要坚持以人为本，要求领导干部关注民生、体察民情、尊重民意、保障人权，要时刻关心群众疾苦，永远把百姓冷暖挂心头，切实解决人民群众特别是弱势群体的切身利益，真正做到"权为民所用，情为民所系，利为民所谋"。

习近平总书记在主持中共中央政治局第十次集体学习时强调：严把标准，公正用人，拓宽视野，激励干部，造就忠诚、干净、担当的高素质干部队伍。"忠诚、干净、担当"——这六个字也为金东"六事干部"队伍建设指明了方向，它与金东人文精神所表达出来的思想内涵也是高度一致的。随着金东"六事干部"建设活动的不断深入，金东人文精神必然也会得到更好的诠释与发展。

（三）弘扬金东人文精神，营造"六事干部"队伍建设的良好生态环境

要让改革者干成事。要让善于改革者能拥有好的干事创业环境，让改革者的才华有充分的用武之地。要坚持严格管理和关心信任相统一，政治上激励、工作上支持、待遇上保障、心理上关怀，增强他们的荣誉感、归属感、获得感。大力宣传改革创新、干事创业的先进典型，激励广大干部见贤思齐、奋发有为。要善于激发制度活力，敢于突破，主动作为，在优化资源配置上下功夫，用制度来盘活资源、提高效能。此外，要进一步凝聚形成勇于改革的强大合力，各级党组织要切实增强政治领导力、思想引领力、群众组织力、社会号召力，让干事者的聪明才智能够充分涌流，让各类人才创造活力竞相迸发，做好改革促进派，努力形成锐意改革、攻坚克难的良好社会风尚。

要激励干部作为，拿出一些专门的举措来，让改革者想干事、能干事、干成事。要做到这一点，就要激发改革者的积极性，在推进改革过程中能够品尝甘甜，能够获得尊严，能够得到成长。要进一步完善干部考核评价机制，切实解决干与不干、干多干少、干好干坏一个样的问题。要使那些政治坚定、奋发有为的改革者

能够得到褒奖和鼓励。同时，也要建立健全容错纠错机制，让勇于改革者能有纠正失误的机会，让改革者大胆干、放心干。领导干部不求做完美的人，而要留无畏、正义和善良在心上，让勤劳和积极的"耕读精神"埋在骨子里。让想干事的人有机会，能干事的人有平台，干成事的人有地位。同时，要健全"六事干部"的激励、约束机制，提炼金东特色的"六事干部"时代精神。

三、"六事干部"建设的基本要求与路径

（一）想干事

想干事是一种状态，一种激情。有了这种心理状态，干事创业就有了基础；有了这种激情，推进干事创业就有了动力。

20世纪五六十年代，我国面对严峻的国际形势，为打破核大国的讹诈与垄断，为了世界和平和国家安全，在条件十分艰苦的情况下，党中央高瞻远瞩，果断作出研制"两弹一星"的战略决策。老一代科学家和广大研制人员发扬"热爱祖国、无私奉献，自力更生、艰苦奋斗，大力协同、勇于攀登"的精神，风餐露宿，顽强拼搏，团结协作，克服了各种难以想象的艰难险阻，突破了一个又一个技术难关，取得了中华民族为之自豪的伟大成就。改革开放后的新一代航天科技工作者，继承并发扬了"两弹一星"的精神，紧盯世界航天科技前沿，从高起点出发，经过艰苦探索和努力攻关，又取得了载人航天飞行的圆满成功。在他们身上，体现出了特别能吃苦、特别能战斗、特别能攻关、特别能奉献的"载人航天"精神。有了这种精神，就有了通向成功的动力。

"铁人"王进喜有句名言:"宁可少活二十年,拼命也要拿下大油田。"以这种精神去干任何一项事业,成功将是必然的。中航工业沈飞集团负责人、我国"歼-15"舰载机工程总指挥罗阳,以航空报国的赤子情怀,兢兢业业,鞠躬尽瘁,将自己的全部精力和生命都奉献在工作岗位上。经过多年的不懈努力,2012年11月24日,终于实现了"歼-15"成功起降"辽宁舰",创造了中国的历史,而罗阳终因劳累过度,不幸于次日因公殉职。

王进喜和罗阳都属于想干事的干部。凡事,想干了,就会有希望;不想,则一事无成。想干事的人永远在找方法,不想干事的人永远在找理由。心态决定状态,有些人对干事总是缺乏激情,根本原因在于不在状态。有的得过且过不想干事,有的心态失衡不愿干事,有的怕承担风险规避干事,有的对事情挑肥拣瘦,因"利"择之。因此,想干事,就必须有好的精神状态,有一种对党、对人民事业高度负责的精神。想不想干事,可以看出一个领导干部的思想境界,不想干事的干部,不是称职的干部。

(二) 勤干事

勤干事重点体现在一个"勤"字上。"一勤天下无难事,一懒世间万事休",要做到身勤、眼勤、手勤、口勤、心勤,不管做什么工作都要身体力行,以身作则。这与金东人文精神中的"耕读"精神也是高度一致的。"耕读"是农耕文明的优良传统,特别强调"勤",不管是播种还是收获都有一定的季节,千万不能错过，还有平常的田间管理，对于一季的收成好坏也有直接影响，所有这一切，都必须做到"勤"。农民的心里最清楚，只有勤劳吃苦，才可能有好的收成。读书也是如此，所谓"书读百遍，其义自现""读书破万卷，下笔如有神"，读书注定也是辛苦的，想要取得好成绩，离不开一个"勤"字。

古人云："业精于勤，荒于嬉。"想要做好任何一项工作，"勤"是前提条件。鲁迅先生曾经说过："哪里有什么天才，我只是把别人喝咖啡的时间用在工作上了。"勤干事，对于广大干部的要求就是要有敬业、奉献的精神，工作要主动，干活要勤快。不干事的"官"就是"懒官"，对"不作为、慢作为"干部应施以重罚，并让这样的处罚成为常态，才能让每一名公职人员抛弃对群众甩脸子、不作为的作风，"慵懒散"习气才会早日荡除。

(三) 会干事

会干事则是一种能力、一种胆识，也包含着一种创新精神。想不想干事是态度问题，会不会干事则是水平问题、能力问题、胆识问题。衡量会不会干事，就是要看是否做到了动机与效果的统一。有些领导干部不缺干事创业的激情，但问题是不会干事，或者好心办坏事，成了一名庸官。

干事，是一个过程。干事前，必须做好调研，提前谋划，明确干事的目标、措施、要求；干事中，必须把握事物发展的内在规律，抓好组织协调，明确工作重点，把握"牵一发而动全身"的重点环节，必须善于发现新情况、新问题，及时提出新对策、新办法；干事后，必须有评价反馈，听一听老百姓的反映，看一看办事的实际效果，必须重视总结经验教训。会不会干事，不仅取决于水平能力，还与胆识密切关联。胆识决定气魄。有些事办不成或办不好，不是能力问题、水平问题，而是胆识问题，当断不断，贻误时机。能力、水平、胆识不是与生俱来的，而是通过不断学习、不断实践、不断提高的。因此，领导干部要做学习的有心人，既要有干事的激情，也要增强会干事的本领，培养会干事的胆识。

（四）好共事

好共事是干成事的前提条件。"好共事"是一种美德、一种素养，核心是团结问题。习近平总书记曾将团结比喻为"指头"与"拳头"的关系。一个"指头"劲再大，其他"指头"不用力握拳，也难以体现出"拳头"的合力。金东人文精神的"包容"也是作为一名领导干部必须具备的基本品格。"包容"就是海纳百川、有容乃大。既要识大体、顾大局，又要懂规矩、讲团结，相互补台，才能好戏连台。

我国"歼-15"舰载机工程总指挥罗阳是个很低调的人，他总是说，活是大家干的，荣誉应该是大家的。他把荣誉和奖励总是尽量让给别人。罗阳生前曾在笔记本上留下这么一段话："要多为他人着想；要善于观察他人的长处；要善于听取他人的观点；不把自己的观点强加于人；不以批评的口气和他人说话；不自以为了不起，看不起别人；不显示自己，不争名利；不在背后说他人的短处；不参加不必要的争论；争论问题时不进行人身攻击，揭人短；不可有虚荣心、嫉妒心和报复心；要守信用；不贬低他人来抬高自己；尽可能地少发牢骚，更不要讽刺挖苦他人来发泄自己的不满情绪……"很显然，罗阳是个典型的"好共事"的领导干部。

"好共事"是"干成事"的基本保障。只有真诚、友善、包容，才能搞好团结、凝聚力量，心无旁骛才能干成事。领导干部要正确对待岗位和职务的提升，保持一颗平常心，少一点浮躁，多一点清醒，踏踏实实干好岗位工作，不辜负组织和群众的信任；要识大体，树立工作"一盘棋"思想，拧成一股绳、劲往一处使，形成同心同德、互相支持、共同奋斗的良好局面；要讲团结，像爱护眼睛一样爱护团结，长处互相学习、短处互相包容、难处互相理解，做到配合默契、和谐相处、快乐共事。

（五）干成事

干成事是一种追求，一种效益。金东人文精神中的"奋进"就是竞争拼搏、追求卓越。干成事，是想干事与会干事的综合反映，是能力、水平、胆识的综合体现。想干事、会干事必须把干成事作为追求目标，想干事而不去干、坐而论道不行；会干事而干不成、没有效果也不行。我们所说的干成事，是符合科学发展的事，是老百姓满意的事。现实中出现的政绩工程、形象工程，都与我们追求的干成事背道而驰；还有些事，初衷不可说不好，但效果未必理想，动机与效果背离。比如，有的工程竣工了，但却是"豆腐渣"工程，隐患无穷；有些事看似轰轰烈烈，但徒有虚表，形式大于内容；有的事干完了，老百姓却不满意。因此，不能只停留于想干事，也不能满足于会干事，更要着眼于干成事。智谋在干成事，劲使在干成事，用效果检验干成事。

（六）不出事

不出事是一条底线，一种坚守。"不出事"与"想干事、会干事、干成事"相辅相成、不可或缺。有些领导干部不是不想干事、不会干事，也不是干不成事，而是因出事而失去想干事、干成事的机会。从这个意义上说，不出事，是想干事、干成事的前提。分析一些领导干部出事的原因，有的因失职渎职而出事，有的因腐败而出事，无论是因何原因出事，都是道德修养缺失，都是对制度底线的触犯。

2017年5月26日上午，山西省太原市中级人民法院遵照最高人民法院院长签发的执行死刑命令，对内蒙古自治区公安厅原厅长赵黎平执行死刑。这个曾经的内蒙古"公安一号"，在刑场上结束了自己的一生。翻阅赵黎平的人生档案，犹如一张光盘，正面记录着他的光辉形象——公安厅长、自治区政协副主席、诗人、作家；反面则记录下他不为人知的阴暗面——非法持枪、行贿受贿、包养情妇、杀人焚尸……纵观赵黎平近四十年的职业生涯，他想干事、勤干事、也会干事，从某种意义上说，他也干成了事，但最终却没能做到不出事，结果晚节不保，可悲可叹。

对领导干部而言，想要不出事就必须坚守底线，这些底线是实实在在的，以党纪政纪、法律法规固定下来的。道德修养有利于夯实底线，对制度敬畏有利于固守底线。领导干部要清正廉洁，不贪污受贿；要靠"正俸"过日子，不做"两面人"。要知道"甘蔗不能两头甜"，既然选择了为官从政，就要弄清入党为什么、权力做什么，为公众服务，就必须放弃自己的"小九九"，这是共产党人执政为民的本质所在。然而，现实中，仍有少数领导干部信奉"人无外财不富，马无夜草不肥"，更有甚者对一些不正之风司空见惯、习以为常，稔熟于"潜规则"，效仿于"老惯例"，把不靠薪水过日子当作"有地位"，把权力寻租谋私利当作"有本事"。在他们看来，这样的官当着才"舒服"，权力用着才"舒坦"。官位是干事的岗位，不是发财的平台；权力是服务的工具，不是发财的捷径。大千世界精彩纷呈，诱惑无孔不入，考验无处不在。领导干部必须常思贪欲之害，对什么事情该做，什么事情不该做、做了的后果是什么，都要铭记于心、了然于胸，切实打好"预防针"，每时每刻都要慎权、慎欲、慎始、慎微。俗话说："无病不怕瘦，当官莫嫌贫。"领导干部注定要远离锦衣玉食、朝歌夜弦的生活，过平平常常的日子。

不出事是一种坚守、一种幸福。要常怀律己之心，常戒非分之想，常思贪欲之害，始终做到警钟长鸣；要耐得住寂寞，守得住清贫，经得住考验；要不失职渎职，牢记权责统一、权责对等，立足岗位，积极作为；要牢记"有权不能任性"，严格执行各项纪律规定；要讲规范，强化政治意识，自觉置身于规矩之下，严格按党性原则办事，按政策法规办事，按制度程序办事；要守住做人处事、用权交友的底线，不忘初心，永葆共产党人的政治本色。

参考文献：

李侃如，2010. 治理中国：从革命到改革[M]. 胡国成，赵梅，译，北京：中国社会科学出版社.

李英，2019. 金东[M]. 杭州：浙江人民出版社.

司马云杰，2006. 心性灵明论——关于人文精神与心性本体论的研究[M]. 西安：陕西人民出版社.

张岱年，2018. 中国人的人文精神[M]. 贵阳：贵州人民出版社.

周国平，2014. 人文精神的哲学思考[M]. 武汉：长江文艺出版社.

周黎安，2008. 转型中的地方政府：官员激励与治理[M]. 上海：格致出版社、上海人民出版社.

金东人文精神怎样成为金东新坐标

王娟娟[1]

内容提要：所谓"坐标"，乃是确立事物时空方位的概念。现代化背景下的"城市坐标"，更多地指向城市发展的"成长坐标"。具有标识性意义的阶段性经济成长坐标，是承载金东设区近20年来经济社会发展水平继续增高的重要因素。

关键词：金东人文精神 新坐标

人文精神作为体现城市竞争力的核心资源，已经成为城市现代化理念中的普遍性共识，在全面建成小康社会和"十三五"规划收官的关键节点，围绕金东区努力实现三年奋斗目标，共建

---

[1] 王娟娟：金华市委党校党史党建教研室讲师，南京航空航天大学马克思主义学院在读博士。

"和美金东、希望新城",以人文精神构筑金东新坐标成为决策者重点考量的方向。

一、需要系统考量的四重维度

从词源学意义上讲,"人文"一词最早出自《周易》贲卦:"观乎天文以察时变,观乎人文以化成天下。"这一层面上的"人文"主要是与"天文"相对照的,意指礼乐教化,表示与自然界发展规律相对应的人类文化和行为规范的总和。2002年,时任浙江省委书记习近平同志在浙江工作期间来金华调研时指出,"要十分重视历史文脉的继承和发展,弘扬传统文化和地方特色文化,切实把文化资源保护好、开发好、利用好"。[1] 这就要求我们在金东城市发展定位中必须对人文精神发展方向与市民精神生活需求之间的内在关系进行系统深入的长远考量。

1. 理念维度:应体现对城市人的主体性价值关怀

以人文精神构建金东新城的城市坐标,要在理顺市民与其交往对象的复杂关系中,不仅为市民提供谋生的手段和生存的场所,而且要凸显市民的政治权利和精神需要,为人民提供心灵的栖息之所,在实现对人的主体性尊重基础上,重视对人的主动性、能动性和创造性的开发,实现城市人的自由而全面的发展。

2. 历史维度:应内蕴对地域历史文脉的传承与超越

---

[1] 习近平.干在实处 走在前列:推进浙江新发展的思考与实践.[M] 北京:中共中央党校出版社,2006:508—509.

人文精神与城市坐标集中体现为作为城市优秀历史文化的沉淀的城市文脉，即在城市发展过程中为实现人与自然、人与社会、人与人之间的和谐共生所做的努力和获取的文化成果的总和。城市的魅力来源于其独特的文脉传承力量，城市随着历史的变迁，其整体风貌在不断变化，但城市的人文精神具有一定的稳定性，其核心特质会随着时代的变迁而沉积下来，并随着时代的变化加入新的元素，体现地域城市文化的生命力和传承性。

3. 实践维度：应弘扬民族精神和时代精神

基于人文精神的城市新坐标除了具有自己独特的地域魅力之外，还应该关照整个国家、民族和时代的精神力量，城市人文精神除了需要融入历史发展过程中积淀形成的民族意识、民族文化和民族价值观外，还应该与时代同频共振，激活民族精神的当代意蕴。

4. 现实维度：以市民人文素养的提升推进城市现代化

市民是城市的主体，城市的发展需要全体市民的共同奋斗，市民的整体素质宣示城市的整体形象，市民的精神气质也影响着城市的"精、气、神"，而城市的现代化发展又反哺着市民的物质文化生活。由此而言，城市现代化的核心与本质就是市民的现代化，市民人文素质的养成对于推进城市人文精神建设有着积极意义，这就需要以中国梦引领市民理想，催生地域文化自信和人文自觉，引导市民精神和城市内涵建设不断自我完善。

二、以人文精神构筑金东新坐标的初步构想

城市"文化坐标"，是相对于既有"文化地标"的成长性范畴。金东优秀文化基因蕴含着强大的生命力和无穷的创造力,在金东区党委政府的持续高度重视下,金东人文精神已然成为金东发展的一张张靓丽的名片。这里仅从红色文化引领、音乐文化融入、青春文化深耕三个方面做一些探索性思考。

(一) 注重红色文化引领

金东是一座浸润光荣革命传统的英雄城市,是一座流淌着红色血脉的革命城市。金东儿女在长期艰苦卓绝的斗争中前仆后继,为革命献出了宝贵的生命,涌现出钱兆鹏、方国迪、俞绍安等一批优秀的党史人物,谱写了光辉的篇章。我们必须更好地传承红色基因,将红色文化融入金东城市文化建设中,提升城市文化软实力,弘扬红色主旋律、传递社会正能量、彰显城市文化魅力。

1. 保护挖掘红色资源,打造红色品牌文化

作为坐标性的红色文化品牌,须植根于地域红色文化资源,彰显独特的地域革命传统,鼓励和激励后辈沿着先人的足迹不断前行,展现金东人民顽强不屈的精神特质。可以通过口述、记录和拍摄等方式,传承革命烈士的家风家训,深入挖掘鲜为人知的革命故事,将红色事迹详尽地呈现在民众面前;将金东红色文化的传承与城市建设实际相结合,提炼加工与金东生态文化、诗歌文化、乡贤文化等文化形态相匹配的精神特质,用榜样的力量引领时代精神;组建红色文化宣讲团,积极宣讲金东英烈的故事和精神,深化市民对家乡红色文化的系统认知,展示独具金东城市特色的红色文化。

2. 借力城市发展战略，打造红色文化产业

可以在广场、小区等地投放露天展览馆、共享书屋等公共资源，对市民免费展播重大战役的视频，展示相关图片及图书，在城市公共交通工具内播放红色文化广告，打造革命主题公园，营造良好的红色文化氛围，展示金东城市魅力。秉承"红色领航、绿色发展"的理念，充分利用本土红色资源打通金东高度发展的"红色脉络"，用红色文化带动金东经济发展和影响力提升。

3. 创新新媒体传播方式，强化红色情感认同

充分利用虚拟现实技术，将金东具有代表性的革命纪念场所、遗址、故居制作成VR产品，让民众可以足不出户地通过电脑、平板、手机等电子产品进行体验，营造身临其境的在场感，穿越时空感受红色文化传统的魅力；开设金东红色文化微信公众号、官方微博账号、专题网页等，解决红色文化与市民连接不足的问题，更加精准地传播金东红色文化；制作一批红色精品微视频、微纪录片或直播，让枯燥、刻板的理论知识转化为丰富、趣味的显像资料，让区域红色文化内化为每个金东市民的精神气质。

4. 打造文化传播阵地，筑牢精神高地

充分挖掘金东红色革命资源，借鉴井冈山、瑞金、延安、遵义、西柏坡等地建立红色教育基地的经验，让钱兆鹏、方国迪等红色故居转化为教育培训的第二课堂。设计差异化发展的革命文化体验路线，组织丰富的革命生活体验活动，既适用党性提升培训，又可做红色研学，如穿军装、重走革命老路、参观纪念馆、

走访革命遗孤、听红色故事、唱响红色歌谣、重温入党誓词、品尝革命餐食等，让革命遗址、革命文物"活"起来，成为具有显著金华韵味与金东特色的红色精神高地。

5. 开发革命传统资源，培养专业红色人才

要充分利用在金浙江师范大学、上海财大浙江学院、金华市委党校及金华职业技术学院对红色文化的理论研究和人才培养的显著优势，将红色文化教育纳入人才培养方案中去，培养专业的高层次红色人才；举办公益性的红色文化社会从业人员培养，通过考核发放从业资格证书，让热爱红色文化的社会人员参与到金东红色文化传播上来，为红色文化传播储备人才；依托金华市委党校组建金东红色文化研究团队，吸引全国优秀的红色文化人才来金东交流丰富的经验；积极申报省级、国家级科研项目，将科研成果最大化地转化为金东城市发展的动力，让红色文化成为打造金东新城新坐标、彰显希望新城人文精神的独特标识。

（二）强化音乐文化嵌入

城市人文精神是城市的灵魂，是一个城市所表现出来的价值取向和文化品格。金东是一座与音乐相伴而生的城市，具有独具特色的音乐文化，"人民音乐家"施光南是金东名副其实的金名片，已经成为金东城市建设的重要组成部分，施光南音乐广场作为金东城市地标，承载着金东人对"和美金东、希望新城"的无限憧憬。正是这种音乐文化的发展使得金东人文精神具有独特的魅力价值，也成为金东城市发展的重要标志之一，理应成为金东

发展新坐标中不可或缺的重要元素。

之于音乐文化对城市人文精神的塑造作用，笔者对金东城市发展新坐标打造中将具有金东特色的施光南音乐文化嵌入作为重要着力方向深以为然。随着现代文化多元化的发展与科技水平的不断提升，结合金东区实际，挖掘具有金东特色的音乐文化发展方式，是当前金东区开展城市建设、提升人民日益增长的幸福指数的重要突破口。

1. 为市民提供接受音乐文化熏陶的公共场所

音乐作为一种文化力量，培养群众的文化品位，必然影响城市性格与人文精神。可以考虑在资金扶持保障下，给予音乐文化类改革基础设施一定的发展政策倾斜，通过音乐人才引进等相关政策，以社区及地方群众艺术馆为发展平台，对城市居民提供音乐文化的专业化引导，从而增强音乐文化艺术活动参与者的兴趣，在满足市民音乐文化素养提升的同时，促进金东人文素质的发展。

2. 开展提升城市音乐文化素质的艺术活动

施光南音乐节是金东区文化发展的重要旗帜。加强声乐艺术投入力度。声乐艺术文化建设是提升城市人文精神培养及城市居民生活幸福指数的重要途径。在金东发展新坐标的打造中，可以进一步注重在艺术活动中为市民搭建日常交流沟通的平台，通过交流展示，有效激发群众的音乐文化兴趣，接受音乐文化的熏陶，提升城市文化坐标建设。

3. 加强音乐文化专业人才队伍建设

可以考虑与在金高校进行对接，组建专业学生志愿服务公益指导，对市民进行专业化的指导，提升社会群体对音乐文化的了解与掌握；对城市社区及群众艺术活动中心的专职人员进行音乐文化定期培训，通过培训及专业交流活动，宽阔音乐文化专业人员的视野和水平。

4. 提高金东特色音乐文化宣传水平

音乐文化的普及与发展，离不开对其进行有效的宣传。随着智能手机的应用普及，微信已经成为城市市民交流的方式之一。可以通过依托网络公共平台建立微信公众号等形式，定期进行金东特色音乐文化宣传讲解，提高公众对施光南音乐艺术的认识。只有通过润物细无声的宣传，让音乐文化走进群众、贴近群众、融入群众，才能够对音乐文化进行有效普及，在打造城市人文坐标的同时，促进社会主义核心价值观落地生根。

5. 促进施光南音乐文化与当代多元文化融合

金东发展坐标打造是一项系统工程，施光南音乐文化的发展需要根据社会发展的现实需求，注重与区域内外既有的多元文化形式进行融合互动，从而实现以现有音乐形式为基础，结合现代化的技术手段充分展现具有创造力的多形态现代音乐艺术，满足不同时代背景下市民思想及审美情趣需求，在整体性提升中实现金东施光南音乐文化的自我文化价值，促进金东城市音乐文化品质的整体跃升。

(三) 开展青春文化深耕

一个国家需要拥有伟大的民族精神，一个城市同样需要自己的城市精神。作为中华民族重要历史节点的五四运动，涌现出一批浙江学子的身影，其中就有方豪、施复亮、黄维时三个金东人，而且方豪还是五四运动重要学生领袖之一。笔者认为，挖掘其事迹、弘扬其精神，是对历史负责，更是打造金东城市发展新坐标的迫切需要。出生在澧浦镇方山村的方豪在"五四运动"后即选定以教育为终生职业，其一生所践行的诚实进步、奋斗实干、创新图强的人生信念与道德理想，与今天"耕读求真、实干创新、包容奋进"的金东人文精神高度契合，体现了金东人民源远流长的精神特质。

1. 悉心保护方豪故居

位于金东区澧浦镇以南四公里的方山村，现有农户453户，人口1228人，包括方山、派塘、朱里乌三个自然村，自然禀赋优越。除"五四"青年运动先驱、爱国教育名宿方豪，方山村还是早期中国共产党领导人方国迪、工学博士后方旭东的故乡。近10年来，澧浦初中三个金华一中名额中，每年都有方山村学生，其中2011年的3个名额全部花落方山。近年来，方山村的学生被各级高等院校录取28位，其中211、985重点院校7位，硕士研究生及以上学历者有6位，人文氛围浓厚。方山村至今保存着不少昔日府邸，历经风雨沧桑，寻常巷陌虽几易其径，但主韵犹存。建议金东区切实担负起保护方豪故居的历史责任，开发"青春五四魅力方山"特色党建品牌。

2. 精心挖掘人文精神

方豪人文精神的梳理挖掘是一项重要的基础性、长期性工作。结合半年多史料收集、内涵论证等方面的情况，笔者建议：坚持两个结合，写好三本书。所谓"两个结合"，即方豪人文精神的梳理要坚持还原"五四"爱国青年运动时期的方豪与五四运动后方豪30年的教育文化有机结合起来，要坚持充分发挥金华市社科资源优势，与积极拓展新文化运动、五四运动、中国共产党创建史专家、学者写好三本书有机结合起来。所谓"写好三本书"，即《方豪史料档案汇编》《我们的老师方豪》《方豪传》。相关方面已经与金东区文化局及义乌工商学院达成初步意向，着手编制《方豪史料档案汇编》；以方豪的学生为重要突破口，整理《我们的老师方豪》，鉴于被访者年龄渐长的现实情况，需要切实尽快将这本书的编撰工作提上议程；待条件成熟时，完成《方豪传》。

3. 大力开展宣传活动

切实抓住建党一百周年的重大历史节点，做好"三个一"，即组织一次研学会、开展一次青年文化纪念活动、举办一个主题文化节，营造弘扬方豪精神的浓厚氛围。一是组织方豪青年文化研学会，建议以金华市社科联、金华市委党校等部门为牵头单位，邀请相关研究方向的知名专家学者，就进一步挖掘方豪青年文化组织一次专题研学会，深入论证方豪在"五四"爱国青年文化运动中的重要影响及其对中国教育事业发展的突出贡献，献礼建党一百年。二是开展青年文化纪念活动，建议宣传、文化部门紧紧抓住建党一百年的宝贵契机，深挖地方党史国史，组织一次青年文化纪念活动，深化亮点，做精品牌，亮化金东城市发展的文化坐标。三是举办青年文化节，在研学会和纪念活动的基础上，以方山村为中心，进一步整合金东区乃至全市的特色文化资源，举办青年文化节，增强宣传青年文化精神的群众性和社会性，将方豪青年文化发展向前推进。

4. 积极拓展人文价值

将持续拓展方豪青年文化价值作为推动文化发展的不竭动力。一是建设爱国主义文化教育基地，建议修复抗日战争时期作为金华一中主校址的方山村学生教室、食堂、医务室旧址，以及校长方豪的办公室，建立爱国主义文化教育基地，并积极申报抗战文化遗址名录。二是积极筹建方豪纪念馆，进一步加强与方豪直系亲属，特别是方晶女士（方豪大孙女，现住西安），以及北京大学校史馆、北京大学档案馆、中国李大钊研究会及金华一中等重点单位、部门之间的联系，努力整合各方资源，尽可能完整地收集现存的档案资料。三是成立方豪青年文化研究会，加强文化思想交流，增强包括方豪学生在内的全国各界有识之士关注金华文化，助推金华发展。四是打造特色精品文化旅游线，以青年爱国文化教育为主题，积极打造包括方山村方豪青年文化在内的澧浦镇精品文化旅游线，有效整合澧浦镇琐园、蒲塘等传统文化村落的资源优势，形成镇域文化联动机制；在此基础上，积极拓展与源东乡施光南故居（30分钟车程）等特色文化品牌的异质协同发展。

与此同时，还应该将具有金东鲜明特色的乡贤文化地标、古街区地标、名人故居地标作为金东新城人文精神新坐标的有机组成部分，还可以适当融入公共雕塑、特色书店等标识性城市元素。

总之，城市是历史发展的产物。面对争当推进县域治理现代化的先行地、主力军的战略任务，面对市委、市政府赋予金东现代化都市区建设主战场、主阵地的历史使命，面对新一轮科技革命和产业革命、改革开放走深走实、长三角一体化发展上升为国家战略、全省大湾区大通道大花园大都市区"四大战略"等战略机遇，金东城市人文新坐标的构建应该充分尊重和传承城市文脉，发挥基于金东人文精神特质基础上的社会主义核心价值体系的引领作用，推动"同根""共情"理念基础上的城市经济、政治、文化、社会、生态文明五位一体建设的协调发展，推进金东奋进新时代、阔步新征程、开创新未来。

"金东人文精神"与"和美金东、希望新城"的发展方位和工作主题

徐进科[1]

内容提要：本文从对人文精神理论上的简要诠释入笔，探寻"耕读求真、实干创新、包容奋进"的金东人文精神与"建设和美金东、打造希望新城"的内在关联，提出内涵丰富的"和美金东、希望新城"的发展方位和工作主题，最根本也是最重要的是，既要遵循城乡发展的普遍规律，与金华市的总体发展目标相协调，又要体现金东区作为金华市本级重要组成部分的独特的个性和魅力；在2020年三四月间深入调研的基础上，具体在全力打造创业创新和人居生活生态最优区、大力彰显金东"和美金东、希望新城"的文化底蕴、大力提升"和美金东、希望新城"生活

---

[1] 徐进科：金华市委政研室（农办）原副主任。

的文化体验、大力建构金东城乡发展的文化格局、全力聚焦金东城乡治理的人文引领等方面建言献策，旨在抛砖引玉。

关键词：金东 人文精神 希望 新城 战略 发展 工作

人文是一定区域历史与文化的积淀，人文精神是对特定区域中历史文化及人的尊严、价值、意义的理解和把握，以及对价值理念或终极理想的执着追求。人文精神，其实质就是某一区域特定的文化禀赋和基因传承炼铸而成的独特的精神文化，不仅规范、指导和约束人自身的各种活动，而且让人们以"人文标准"衡量经济社会发展、社会建构和政府决策。人文精神一是个发展的概念，在不同的历史阶段有不同的内涵，以此引领人们为实现新的发展目标而奋斗。可以说，人文精神创造历史文化，引领时代步伐，在这个意义上，大到一个国家，小到一个村庄，都离不开人文精神的凝心聚力，共同秉持的人文精神，为实现共同的发展目标，将迸发出巨大的威力。

"耕读求真、实干创新、包容奋进"的金东人文精神，既根植历史，又与时俱进，凝聚着金东这方土地上人民的思想、精神、文化、历史共识，具有深厚的历史渊源、广泛的社会基础和鲜明的时代特色，反映了金东文化的积淀和传承，展现了金东人的文化自觉和文化自信。"耕读求真"体现的是人文传承，"实干创新"体现的是实践路径，"包容奋进"体现的是时代追求，三者相辅相成、密不可分，体现了人文精神根植历史、反映现实、引领未来的深厚内涵。

"建设和美金东、打造希望新城",是2018年12月召开的中共金华市金东区委四届五次全会作出的重大决策部署,是全体金东人的热切期望。"和美金东"勾画了人与自然和谐相处、全区上下和美与共的美好愿景。"希望"承载着金东人民的向往与期盼,"新城"寓意着金义一体化、全域同城化发展的趋势。"希望新城"代表着组团式城市群发展的高度,寓意着意气风发、蓬勃向上的气象。

探寻"金东人文精神"与"和美金东、希望新城"的内在关联,在于顺应现代城乡发展的新理念、新趋势,把握金东区独具特色的人文魅力,全面提升"和美金东、希望新城"这一发展方位和工作主题所蕴含的独特建构品质。

基于以上认知,就"金东人文精神"与"和美金东、希望新城"的发展方位和工作主题课题,作以下五个方面的探索思考。

一、全力打造创业创新和人居生活生态最优区

"和美金东、希望新城"的发展方位,内涵是多方面的,但最根本也是最重要的就是既要与金华市的总体发展目标相协调,又要体现金东区独特的个性和魅力。

金华作为"浙江之心",今后的发展将在准确把握好新的背景、新的方位,继续加快理念转换、动能转换、结构转换、效率转换和环境转换的基础上,以"八八战略再深化、改革开放再出发"为主题,围绕"打造增长极、共建都市区、当好答卷人"总

要求，弘扬新时代金华精神，聚焦高质量发展、高起点改革、高水平开放、高能级都市、高标准生态、高品质生活、高效能治理，在高水平全面建成小康社会的前提下，继续保持赶超发展态势，实现"百姓富裕、浙中崛起"和"两个百年"目标，即努力在建党一百年基本赶上全省平均水平，为到新中国成立一百年迈进全省先进行列奠定更为坚实的基础，着力打造成为全省高质量发展的重要增长极，全面开启金华实现基本现代化建设的新局面。

金东区作为"浙江之心"的内核——金华市的重要组成部分，更是金华-义乌都市区的重要节点区域，随着经济增长从高速转向中高速，从工业化中后期向知识经济迈进的转折时期，原有的发展方式、经济结构、增长动力等平衡关系将被打破，亟须进一步加强块状特色产业优势，以数字经济赋能工业实体经济高质量发展，推动跨区域产业链延伸。加快推进县域经济向城市经济、都市区经济转型。要强化区域经济社会发展的统筹谋划，落实主体功能区制度，构建更加科学合理的生态功能区布局。落实金华-义乌都市区规划纲要，加快构建"一轴两带多组团"的都市区空间结构，形成中心带动有力、网络复合高效、要素集合适宜、城乡统筹均衡的新格局。同时更加注重人文建设和社会的公平正义，注重"包容性发展""普惠式发展"，打造"和美金东，希望新城"，让人民群众有更多的获得感。

为此，在工作主题上，要大力弘扬金东人文精神，以最扎实的工作举措，落实好金东区委四届五次全会提出的四大战略，全力打造创业创新和人居生活生态最优区。

（一）坚持以新发展理念为引领，大力实施"实业兴区"战略，推动产业新老迸发

金东区自2001年2月设区以来，一直坚持"工业强区"战略。尤其是近年来，区委区政府坚定不移地抓实体经济、抓发展平台、抓服务保障、抓要素供给、抓招商引资，工业经济保持较快增长速度。但也要看到金东区实体经济的短板依然十分明显：大企业大集团偏少，产业结构层次较低，亩产效益普遍不高，带来发展后劲不足的问题；土地空间和指标捉襟见肘，中小企业融资难融资贵，人才制约和环境承载力不足，带来增长空间拓展的难题；城市功能不完善、产城融合不充分，与现代服务业发展相对滞后互为因果又相互交织；自主创新能力相对薄弱，影响了行业竞争力的提升，等等。区委全会提出，要坚持制造强基、振兴实业，扎实推进供给侧结构性改革，坚决打好打赢实体经济翻身战，加快构建支撑"和美金东、希望新城"的现代产业体系，可谓抓住了"衣领子"、牵住了"牛鼻子"。因此，最带基础性的是要大力实施"实业兴区"战略，为高质量建设和美金东、高水平打造希望新城提供坚实支撑。

具体要在三方面狠下功夫：一要大力实施"12345"百亿产业计划，加快产业转型升级。一方面聚焦制造业这一主战场，加快传统产业改造提升，重点培育新兴产业；另一方面突出金东优势，把数字经济作为"一号产业"来抓，积极发展楼宇经济、现

代物流、金融保险、大健康、泛娱乐等产业，加快形成新能源汽车产值超 100 亿元、现代物流业产值超 200 亿元、传统产业产值超 300 亿元、数字经济核心产业产值超 400 亿元、线上平台和专业市场年交易额超 500 亿元的产业集群。二要建立"优资源、强平台、促发展"长效机制，不断提升平台能级和竞争力。一方面大力推进金东新城产城融合，开工建设高层次的新平台；另一方面加快原有平台的整合、提升、扩容和有机更新。三要壮大企业主体队伍，增强实体经济发展的内生动力。一方面，既眼睛向外招大引强，为扩大企业主体队伍提供新生力量，又眼睛向内优化服务，为本土企业做大做强提供新的动力；另一方面，既扶优扶强，壮大龙头企业，又育小育新，激发更多微观主体活力，进而形成大企业顶天立地、中小企业铺天盖地的良好格局。

（二）积极培育创新主体，大力实施"创新强区"战略，实现财智双收

创新是引领发展的第一动力，是赢得竞争优势的关键所在。抢抓发展机遇，要靠改革创新。当前，金东区正面临新一轮科技革命和产业革命、改革开放走深走实、长三角一体化发展上升为国家战略、全省大湾区大通道大花园大都市区"四大战略"、市委提出全面打赢"九场硬战"等重要机遇，但有些机遇并非金东独占，在机遇面前，要抢，要拼，这就要靠改革创新。应对艰难挑战，也要靠改革创新。

审视金东近 20 年来的发展，要破解平台、产业、后劲等难

题，都需要用创新的方法才能解决。平台承载力小，就要通过改革创新，整合资源要素，提高配套水平，提高亩均产出与效益，提高土地利用绩效；产业低端、发展方式粗放，就要通过科技创新，增强创新动能，提高产业层次；发展后劲较弱，就要通过改革创新，改善营商环境，增强投资吸引力，释放投资活力，增强发展的可持续能力。抓创新就是抓发展，谋创新就是谋未来。要着眼于包括思想观念、体制机制、方式方法的全面创新，大力实施"创新强区"战略。

具体要在三方面下大气力：一要在体制机制上做文章。要"走出去"，学习先进地区前瞻性和系统化的思维方式，开阔眼界，提升境界，学习先进地区突破发展瓶颈、破解发展难题的好做法好经验。要沉下去，进一步配强经济部门领导班子，加强乡镇（街道）分管经济领导力量；优化乡镇（街道）组织架构，充实管理处（工作片）一级网格力量。二要在统筹各类资源要素上做文章。要树立大局意识、全局观念，用创新的办法统筹土地、电力、资金等各类资源。推进土地资源整合，创新土地供给方式，实施"配电网三年行动计划"，构建多元化投融资体系，提高政府资金绩效，让各类资源发挥出最佳效用。三要抓牢人才这一战略资源，加大科技创新力度。创新之道，重在得人。要着力构建识才引才育才用才励才工作链，重点抓人才引领，持续抓人才回归，合力抓人才队伍，努力聚天下英才共建金东、发展金东。要树立人才为先理念，用好前哨站、建好大平台、递好橄榄枝，为人才创造最好最优的创业创新环境。对外，主动融入 G60 科创走廊，用好在外引才联络站，发扬"四千精神"招才引才，把海内外的金东籍人才凝聚起来，把有志于金东发展的高层次人才请回来；对内，积极参与金华科技城建设，争创全球院士中心，高品质建设融科技、教育、创业、创新、休闲于一体的金华人才公园，实现人才集聚，打造人才高地。同时，深入实施开发引才、靶向育才、培根留才等行动，加快形成有利于人才成长的培养机制、有利于人尽其才的使用机制、有利于竞相成长各展其能的激励机制、有利于各类人才脱颖而出的竞争机制，培植好人才成长的沃土。

（三）聚焦打造和美生活共享地，大力实施"生态立区"战略，发展美丽经济

近年来，金东区按照"全域推进、全区提升"的要求，通过美丽乡村、风情小镇、精品城区建设，将全域作为大花园进行重点打造，将环境整治、产业发展与文化特色紧密结合，形成"一镇一品一特色"，打造出了桃源小镇、诗歌小镇、园艺小镇、年画小镇、水乡小镇等风情小镇，加快产城联动发展，进一步提升城市功能与品质，打造宜居宜业的精品城市标杆区，进一步擦亮了"生态宜居、美丽金东"这张金名片。

2004 年，时任浙江省委书记习近平在全省"千村示范、万村整治"工作现场会上提到，"金东区雅里村通过村庄整治使原来'脏乱差'的村庄变成一个'水清、路平、灯明'的文明村，使

原来比较紧张的干群关系变得比较融洽"。实施"生态立区"战略，就是要紧紧围绕总书记的指示要求，进一步巩固生态优势，进一步发挥生态优势，切切实实地将绿水青山转化为金山银山，让更多金东人共享"两山"转化成果。

在具体工作中，就要从"和美金东、希望新城"工作定位出发，做好"水清""路平""灯明"三篇文章：一要坚定不移地做好"水清"文章，守牢"绿色"这一金东的底色，守牢生态这一生命线。高标准实施蓝天保卫、碧水提升、净土清废等专项行动，积极推进农村生活垃圾分类再提升、城区垃圾分类全覆盖，坚持"八有八无"标准，进一步深化"千万工程"，高水平推进农村人居环境整治三年行动，争创省级生态文明建设示范区、省部级共建乡村振兴示范区。要全域打造都市大花园，以现代化和美乡村建设为总抓手，以浙中生态廊道、六条美丽乡村风景线、全域绿道网为依托，打造具有金东特色的生态田园、科技智园、文化公园、休闲乐园、幸福家园。落实好长效管理机制，坚决打好生态环境保卫战。二要坚定不移地做好"路平"文章，拓宽打通"两山"转化的三条金光大道。第一条是现代农业发展之路。要依托生态优势，打造万亩城郊果蔬基地、万亩都市休闲农业、万亩树桩盆景、万亩浙中桃源，推进金东现代农业的特色化、品牌化、规模化发展，让美丽田园结出更加丰硕的果实；第二条是三产融合之路。要依托现代农业，实施"文化+""旅游+""农业+"，大力发展乡村休闲旅游、文化创意、绿色农产品加工、再生能源开发利用等产业，带动一、二、三产业的有机融合。第三条是资本、人才等要素向农村集聚的下乡之路，以人才振兴、文化振兴和要素集聚推进乡村振兴。三要坚定不移地做好"灯明"文章，始终坚持党建引领，拉高标杆、真抓实干。坚持"党建+发展"，坚定不移地践行"绿水青山就是金山银山"的发展理念，让环境更美，让腰包更鼓，回应人民群众对美好生活的向往。大力实施红色引领工程，不断强化基层党组织的领导核心作用。坚持"以强带弱、以富带贫"的区域协同发展、"小事不出村、大事不出镇"的红色网格、组团式服务下沉等好经验好做法，在抓环境、抓产业、抓服务等各项事业中，更好地发挥党的统领作用，更好地发挥党员的先锋模范作用。

（四）弘扬金东人文精神，大力实施"人文富区"战略，推动文化事业和文化产业发展

金东的土地"一片冬麦，一片高粱，十里荷塘，十里果香"，是硕果丰收、充满希望的田野，更具有丰富优质的人文资源，有名人文化、诗歌文化、红色文化等，还有48项非物质文化遗产及一批古韵浓厚的古村落。大力实施"人文富区"战略，金东有资源、有禀赋、有条件，以文化人、以文铸城、以文兴业、以文惠民大有文章可做。特别是通过这一战略的实施，将新时代金东人文精神浸润于"和美金东、希望新城"的工作定位之中。

要挖掘人文资源，讲好金东故事。一是围绕"有什么"，厘清文脉，把家底摸清楚，实施"金东记忆"工程，把祖辈传留下

来的、沉淀在这方热土上的、有较高品位品质的文化资源挖掘整理、记录保存下来，串珠成链，形成人文资源库。在此基础上，还要采用听得懂、易接受的话语体系和表述方式生动鲜活讲，贴近金东实际、贴近在外受众入情入理讲，平等待人、虚怀若谷、真诚亲和讲，讲好金东故事，通过宣传展现金东魅力，塑造金东优秀形象，提升金东在外影响力。二是要美化人文环境，提升创建水平。无论城市还是乡村，都有外在美和内在美，都要相得益彰。外在美体现在整洁优美的环境、人民的衣食住行等可摸可见、可听可比可量化的东西上；内在美则体现在人们的精神面貌、人文修养、文明素质上。近年来，金东尽管在创建全国文明城市工作中成绩可圈可点，但在营造人文环境方面依然任重道远。要锚定打赢文明创建荣誉战的终极目标，把物质文明、精神文明、政治文明、生态文明建设任务有机结合，内外兼修、落细落实，推动改善城乡人居环境、提高公民素养和市民生活质量。彰显金东个性特色，精心打造人文品牌，突出城市识别符号和识别系统，保护物质文化，继承精神文化，繁荣新时代文化。三是要亮出人文底色，推进产业发展。没有文化支撑的繁荣是难以长久的，唯有文化的支撑，繁荣才可持续。文化产业是唯一满足人民群众多样化、多层次、多方面精神文化需求的产业，是金东"人文富区"战略的重要载体。要大力发展文化旅游产业，扶持数字文化产业，培育其他文化新业态，同时推动文化产业与相关产业融合发展，使文化符号、文化理念、文化创意等向相关产业渗透。要紧紧抓住历史机遇，坚持以习近平新时代中国特色社会主义思想为指引，按照"宜融则融、能融尽融，以文促旅、以旅彰文"的工作思路，推动文化事业、文化产业和旅游业高质量发展，形成具有高度产业关联性和多重综合效益的大格局，走出一条具有金东特色的文化产业发展道路。

二、大力彰显金东"和美金东、希望新城"的文化底蕴

（一）充分认识人文精神对于城乡发展的建构功用

随着改革开放40多年的迅猛发展和城乡一体化进程的推进，金东的城乡建设日新月异，开展有韵味的文化构建，应当成为新时期城乡一体化建设的浓重之笔。具有金东特色的文化建构体现为明确的浙中文化元素，独具人文内涵的建筑、街道、街区的整体形态以及相关的文化风貌，是承载"和美金东、希望新城"独有的文化信息和宝贵的文化要素。由此而言，"和美金东、希望新城"特有的人文功能，必须通过其独特的人文精神得以凸显，有效运用人文精神精髓所要求的文脉延续特性，突出金东人文资源优势，为城乡建构增添丰厚的文化资源和文化底蕴。

（二）溯本求源是厚植城乡文化特色的基础性前提

金东作为浙江北部、东部、西南部以及安徽、江西、福建等地文化交融汇集的区域，具有江南多地文化融合的特征，是浙江中部历史文化的典型代表，所在的金衢盆地是朱熹理学与江西形势派风水传播发展的核心区域，具有深厚的历史文化渊源。以追溯"耕读求真"人文精神之渊源为例，作为金东地区风俗明显特

点的俗勤耕织强调"耕读"，畈田蒋氏宗谱有言："耕读二事人家不可缺一，古云田不耕，仓廪虚，有书不读子孙愚"，"设若不干仕进者，只需专事农业，暇则读书明理学以备其用"。对于传统社会中的宗族及族人而言，"耕"是生活的基本来源，"读"是宗族全体的荣耀；对于上层统治者而言，"耕"是社会稳定的基础，"读"是向统治阶层的人才输送。溯本求源，"耕读"传统具有显见的人文精神特质，"耕读求真、实干创新、包容奋进"的金东人文精神确是打造金东新城的人文底蕴与地域特色。金东人文新城构建需要以长远发展的战略眼光珍视域内历史文化资源，将深入挖掘金东人文精神作为厚植新城文化特色的基础性前提，大力传承和保护历史文脉，留住新城发展的根和魂。

（三）处理好历史文脉与文化资源之间的辩证关系

"和美金东、希望新城"建设，必须科学认知并处理好历史文脉与文化资源之间的辩证统一关系。2002年，习近平在浙江工作期间来金华调研时曾经指出，"要十分重视历史文脉的继承和发展，弘扬传统文化和地方特色文化，切实把文化资源保护好、开发好、利用好。"[1]一方面，秉承历史文脉是发挥区域文化资源的基础性前提。新城建设的设计风格定位、材料选择以及历史遗存修复改造等方方面面，需秉承延续历史文脉、尊重民俗文化

---

[1] 习近平.干在实处 走在前列：推进浙江新发展的思考与实践.[M].北京：中共中央党校出版社，2006：508—509.

特色及保留金东乡土记忆的原则，推进古村落、古街区、古建筑、古驿道等的保护开发。要因地制宜地发挥多湖街道厅上村的"渔文化"、汀村的"桑文化"，澧浦镇蒲塘村的"一中学子文化"、宋宅村的"缸窑文化"，塘雅镇下吴村的"奇石文化"等为代表的"一村一色""一堂一品"历史文脉禀赋，充分展现金东文化风采。另一方面，激活区域文化资源是保护历史文脉的重要保障。文化新城建设在秉承历史文脉的基础上要注重激活文化资源，从政府支持到发动群众广泛参与，发挥诗歌文化、红色文化、古村落文化、生态文化、传统乡村治理文化和道教佛教文化等"魅力金东"金名片，让金东优秀传统文化活起来、传下去、走出去。高水平建成金东人文新城必须建立在持续深挖"耕读求真、实干创新、包容奋进"的金东人文精神所蕴含的金东人文底蕴、地域特色与时代特征，注重保护文化遗产、民族文化风格和传统风貌，促进功能提升与文化文物保护相结合，加强区域历史文化遗产保护，彰显人文新城的独特魅力。

三、大力提升"和美金东、希望新城"生活的文化体验

城乡不仅是人的物质家园，更是人的精神家园。要以人性化尺度，规划有特色、高品质的城市空间，为城乡居民提供一种有价值、有精神、有梦想的生活方式，最大程度地提升城乡居民对新城文化特质、文化属性和文化实践的丰富体验。

（一）城乡新的生活品质需要有丰富的人文内涵作保障

将人的价值需求置于城市规划核心是人文城市建设的基本理

念。"和美金东、希望新城"的建构目标是建设生活富裕、社会和谐、秩序良好、竞争力强、环境优美、可持续发展的新型城乡形态。紧扣实业兴区，协同推进创新强区、生态立区、人文富区，需要依据人类文明进步要求和人文城乡发展目标，在注重城市经济指标的同时更加重视对城乡实质性构成内容的要求，结合城乡各具特色的历史文化和人文要素，注入丰富的文化内容，形成城乡自己的独特风格与品牌，将对高质量、高品质社会生活的追求作为构建的有机组成部分。与此同时，要大力弘扬和践行金东人文精神，实施文化惠民工程，提升农村文化礼堂建管用水平，加快亚运、省运筹备工作，努力建设更具获得感的公共文化服务体系，满足不同层次、不同人群的需要，使在金东生活的所有人都具有归属感、认同感与幸福感，充分感受到"和美金东、希望新城"独特的文化魅力。

（二）打造金东绿道，增强以人为本的城乡文化互动

从地理人文特色资源禀赋出发，强调以人为本，是"和美金东、希望新城"构建的基本理念。金东绿道一直是被广为称赞的最美马拉松赛道，"金东乡村绿道马拉松"更是全国首个在"乡村绿道"举办的马拉松赛事，自2015年开始至今已举办四届，吸引了来自国内外数千选手参加，选手们在比赛的同时还能沿路欣赏绿道风光，一览村落风貌，充分体会金东地理人文魅力。基于以人为本理念打造金东绿道，要求系统分析金东城镇结构体系、生态绿地和综合交通系统基础之上的人文资源空间布局，重点对金东特色文

化品牌进行区块规划,按照"贯通绿道网、打造人文线"的目标,将金东区绿道工程打造为浓厚的历史文化特色纽带。在金东区已建成绿道的基础上,进一步优化和完善区域文化资源网络结构,将绿道建设成为有特色、有韵味的文化工程。推广"人文之道"的绿道建设理念,将绿道布局成凸显金东文化特色、践行低碳生活,从根本上改变市民文化生活方式和理念的工程,真正把绿道建设作为民生工程来抓、民心工程来办,最大程度地提升金东新城的文化生活体验。

(三)重视民俗文化对城乡文化体验的引领性价值

作为中华民族文化的根基和源头,民俗文化资源是增强新城文化体验的宝贵财富。金东区民俗资源丰厚,宝贵的民俗文化资源犹如一颗颗明珠在金东大地上熠熠生辉。金东辖区内有多个省级以上传统村落,在保留大气恢宏明清古建筑的同时,也承载着金东丰富的民俗文化资源,为"和美金东、希望新城"的民俗文化体验奠定了良好基础。随着国家美丽乡村工作和新农村建设的开展,作为美丽乡村建设的样板,金东区垃圾分类处理、建立垃圾中转站、拆除违章建筑、建造污水管道、提升村庄景观、整理环境卫生等方面的完善,使金东传统村落面貌焕然一新,整洁的村容与秀美的环境,为民俗文化传承创造了重要的基础性条件。金东区民俗文化资源不仅形式多种多样,而且内容丰富、文化内涵高,涵盖了文化新城生活中衣、食、住、行等方方面面内容。由此可见,民俗文化资源的开发不仅能促进区域文旅产业水平的提升，还能带动其他相关产业的发展，具有巨大的发展潜力和引领性价值。

四、大力建构金东城乡发展的文化格局

深入实施"人文富区"战略，还需要通过建构既传承地方文化基因又契合发展实际的区域文化新格局，为"和美金东、希望新城"建设提供精神力量。

（一）亮化金东特色文化品牌，打造人文高地

"和美金东、希望新城"构建要紧扣"城市+工业""旅游+农业""科创+人文"三大产业布局，积极发挥城市文化的特殊功能，打造具有金东特色的文化品牌，助推金东经济积极融入长三角一体化、金义一体化，对接《长江三角洲区域一体化发展规划纲要》，主动承接产业转移和溢出效应。需要认识到，地方特色文化品牌打造是一个需要多部门、多兵种、多人员联合作战的系统性科技工程，必须进一步增强科学技术在整合、优化、推广人文资源过程中的积极作用。以金东"金名片"施光南文化品牌为例，要充分挖掘"人民音乐家""时代的歌手"的施光南讴歌改革开放的精神内涵，充分依托金东区"三融合"新闻传媒中心，将《祝酒歌》《在希望的田野上》《我的祖国妈妈》《月光下的凤尾竹》等广为传唱的时代赞歌与互联网时代的主流媒体相结合，最有效地放大媒体融合的传播效应，亮化金东特色文化品牌。要围绕"科创+人文"产业布局，以东湄高科技园区、金华人才公园、腾讯众创空间等为依托，壮大数字、科创、泛娱乐等文化产

业。在与金义都市新区共建科创高地的同时，用心办好纪念艾青诞辰110周年、施光南诞辰80周年系列活动，建设人文博览中心、艾青诗歌公园，改造提升施光南音乐广场，努力打造人文高地，加快形成与都市核心区承载力相匹配的文化新格局。

（二）努力建构人文城乡的文化集聚性效应

文化集聚效应是城乡核心影响力的先决条件。"和美金东、希望新城"的发展定位，在实现人口市民化的同时，更为重要的是要成为聚集高端企业总部和高端人才的城市综合体，在区域政治、经济、文化等方面发挥重要影响力，这种集聚效应的形成在很大程度上有赖于文化资源效应的功能发挥。文化集聚性效应的有效发挥，要求在建设过程中，必须注重以文化资源和文化资本作为经济发展的主要生产资料，以服务经济和文化产业为城市发展的主要生产方式，以充分发展人的知识、智慧、想象力、创造力等为提升城市层级的主体条件，更以提升市民的生活品质和推动社会成员的全面发展作为城市发展的目标理念。以合力共建最具希望都市核心区与最具活力重要发展区为目标，"和美金东、希望新城"应该是一个实现文化层级与人口、经济、社会层级合理布局的结构体系，使得城乡人文交流在经济发展的空间边界、资源配置、产业分工等方面均具有良好的互补功能和协调机制。由此而言，在文化新城建设过程中，要充分借助金东区特定地理区位优势形成的文化吸纳优势和历史文化积淀，使其能够不断吸纳和集聚相当范围内的人才、文化、资金等，并对所吸纳的文化成果和经验进行不断的收藏、保护、加工和整合,完成区域文化观念、功能、内容的整体更新与升级,形成区域文化示范效应和文化辐射效应。

(三) 将区域人文资源转化为城乡文化经济

人文资源具有得天独厚的区域优势,"和美金东、希望新城"的构建,对区域人文资源优势及时转化为文化经济动力提出了新要求。一方面,以产业文化带动产业链延展,增加产业的文化附加值。以金东花卉文化资源为例,作为华东地区功能最齐全、业态最完整、配套最完善的花卉苗木集散中心,要在城乡建设中进一步提升"花木名都"的文化影响力,讲好金东花卉故事,结合"和美金东"推进花卉文化农旅融合,着重抓好金东区南北两带风景线沿路、沿河、沿山、沿景区的彩化美化工作,使花卉文化成为"希望新城"的靓丽底色,并依托金东特色花卉文化资源优势,打造万亩树桩盆景园、万亩桃花源,发展"中国佛手之乡""中国花卉之乡""中国苗木(盆景)之乡""中国草莓之乡""中国藤稔葡萄之乡""中国白桃之乡"等苗木文化特色观光游,拉长花卉文化产业链,推进苗木产业和其他产业融合,提升苗木产业的文化附加值。另一方面,充分发挥区域文化的独特优势,凝聚新城发展合力。乡贤文化是金东人文资源的重要方面,依托集金东悠久历史文化与浓郁乡贤文化为一体的金东乡贤馆,充分展示乡情浓郁、特色鲜明、凝心聚力的乡贤文化,打好"乡贤文化+"组合拳,即通过"乡贤文化+社会治理""乡贤文化+美丽乡村""乡贤文化+经济发展""乡贤文化+人才队伍""乡贤文化

+社会事业",将乡贤文化资源切实转化为乡贤文化经济,凝聚金东发展的新能量,汇聚建设"和美金东、希望新城"的新力量。

五、全力聚焦金东城乡治理的人文引领

"和美金东、希望新城"的构建,要特别强调促进人与人、人与历史文化的友好交流,丰富城乡生活内容,提升城乡人文情怀,充分发挥人文引领在推进治理体系和治理能力现代化中的重要作用。

（一）充分发挥城乡的文化教化功能

城乡是实施人文教化和文化传播的最重要舞台,是建构"和美金东、希望新城"内在发展动力的核心功能要素。汉语中的"人文"一词最早出现于《易·贲》:"圣人观乎天文,以察时变,观乎人文,以化成天下"。其中"人文"指的就是与文化教化作用密切相关的人类的基本活动和精神生活轨迹。随着生产力水平的提高,城乡一体化进程对人类文明的传播方式产生了巨大影响,带来了文化教化和文化传播的历史性变革,城乡的文化教化功能作用愈益突出。党的十九届四中全会指出,"发展社会主义先进文化、广泛凝聚人民精神力量,是国家治理体系和治理能力现代化的深厚支撑"。"和美金东、希望新城"建设过程中,要有效地实施和运用城乡文化的教化、展示、传播、吸纳、传承等功能,深入践行社会主义核心价值观,大力弘扬红船精神、浙江精神、新时代金华精神,挖掘和传承红色文化,大力弘扬"耕读求真、实干创新、包容奋进"的金东人文精神,通过持续推进"双十"

行动，深化"我们的价值观"主题实践、"最美金东人"主题宣传等活动，唱响主旋律、激发正能量，创造性地推进新时代文明实践中心建设，使其传播规模、传承方式、传播质量等效能充分发挥出来，不断提升群众文明素质和城市文明程度，全面打赢文明创建荣誉战。

（二）秉承人文精神传统的城乡治理理念

金东地区民风淳朴，直至民国时期始终保持着男耕女织、耕读传家的传统生活方式。金东人文精神大讨论过程中受到广泛关注的各族宗谱和训诫之中就多有与人友善、邻里和睦、少争讼的处世原则，更有不少宗谱将"和邻族"仅排列在"尊父母、敬长上、敦友于、正内外"之后，强调和睦观念等，这些可资传承的优良传统可以作为新时代推进城乡治理的重要理念。位于金东区人口密集区域中央位置的畈田蒋村的家规有言："我劝吾民睦乡里，自古人情重桑梓。仁人四海为一家，何乃比邻分彼此，有酒开壶共酣酌，有田并力共耘耙。东家有粟宜相周，西家有势勿轻使。谚有言邻里和，外侮止，百姓亲，自此始亲睦，比屋皆可封。"山头下家规亦云："乡比屋而居交接既密，则衅窦易开，稍有不和便成吴越，安在缓急相济而处同乡也勉之。"推进"和美金东、希望新城"建设，就要深入挖掘金东优秀传统文化中蕴含的思想观念、人文精神、道德规范，结合新时代要求继承创新，让金东人文精神在新城治理理念创新中展现永久魅力和时代风采。

(三) 打造基层善治的金东城乡样板

金东城乡治理要认真学习贯彻十九届四中全会精神，严格按照省委和市委部署要求，坚持国家总体部署与地方治理创新相结合，注重发挥金东人文精神在"基层党建+社会治理"抓手中的重要作用，加快建设人人有责、人人尽责、人人享有的社会治理共同体。大力弘扬践行金东人文精神，将金东传统文化中独具特色的治理理念植入基层社会治理网格当中，充分发挥法治、德治、自治、智治作用，形成具有深厚历史积淀与广泛民意根基的新型基层治理方式，积极探索体现新时代金东特色的县域治理新模式。在城乡治理规划中突出传统人文理念的时代价值，推动以文化人、以文铸城、以文兴业、以文惠民，构建具有金东特色、彰显时代精神的德治体系，积极打造以金东人文精神为引领的基层善治的金东样板，为"建设和美金东、打造希望新城"凝聚共识、凝聚智慧、凝聚力量，努力为金华市、浙江省乃至全国提供更多金东素材，贡献更多金东智慧。

概言之，"和美金东、希望新城"发展方位，既要遵循城乡发展的普遍规律，也要坚持彰显金东人文精神的独特个性和魅力，这是36万多金东人民齐心协力贯彻落实区委重大决策部署应当确立的高度的战略自觉。

2020年是高水平、高质量全面建成小康社会和"十三五"规划收官之年，还将迎来金东设区20周年、处于新的发展起始之年。站在金东发展新的历史起点，需要我们大力弘扬新时代金东人文精神,并转化为推进建设发展的强大精神力量。如果说浙中大地就是一只展翅奋飞的鲲鹏的话,那么,金东和婺城一样,就是极其重要的一翼,她脉接金华县,历史悠久璀璨、人文底蕴深厚,是一片古老的让人"眼里常含泪水"的土地,更是朝气蓬勃让人"爱得深沉"的年轻的热土,"和美金东、希望新城"就像沐浴在阳光雨露下的树苗,必将在这片热土上茁壮成长!

金东人文精神与"两个一体化"建设探究

徐益丰[1]

内容摘要：金东地处浙江之心，物华天宝、人杰地灵，既有浓郁的文化传承，也有特定的区位特色；既可融入浙江经济的新增长极，也能融入长三角大经济区。在中国特色社会主义新时代，将金东人文精神与"两个一体化"有机融合，建设金义都市区的物质文明与精神文明，从而融入中国综合实力最强的经济中心、亚太地区重要国际门户、全球重要的先进制造业基地、中国率先跻身世界级城市群的地区，需要拥有世界性视野、民族化人文精神，在建设长三角城市群、传承江南文化、发展浙江精神的进程中，在建设浙江中部城市群、建设金华人文精神、培育"四个自信"中贡献金东力量；需要构建具有金东特色的人文区位，崛起

---

[1] 徐益丰：金华市交通局新闻中心主任，作家。

金义都市区之"希望新城"、挖掘金东地方特色的"人文富矿"、达到金东交通枢纽交汇的同时实现人文交汇的目标。

关键词：长三角 金东 人文精神 城市发展 文化建设

金东底蕴深厚、充满希望的土地上，一方水土孕育一种精气神。这种精气神体现在"耕读求真、实干创新、包容奋进"12个字上，这是金东人民赓续文脉、奔竞不息、开拓进取的价值追求；是弘扬中华文明、中国文化，展示新时代浙江精神、金华精神的具体体现。

正是有这样的人文精神，在新世纪新时代里，金东按照金华市"打造增长极、共建都市区、当好答卷人"的总要求，主动融入长三角一体化、金义一体化"两个一体化"，把握住新的发展机遇，大力实施"实业兴区、创新强区、生态立区、人文富区"四大战略，将物质文明建设（两个一体化）与精神文明建设（金东人文精神）有机结合在一起，探索金东的道路自信、制度自信、理论自信和文化自信，走出一条和美金东的美好新路。

一、概念解读与金东人文精神探寻

大约在两千五六百年前，世界上出现东西两端人类思想和精神文化的大爆发。东方中国的春秋战国时期出现思想界的"百家争鸣"，涌现出老子、孔子、墨子等东方哲学家，创造了道家、儒家、墨家等学问，奠定了中国人文精神和文化基因；西方希腊的希波战争前后也出现了思想界的"百家争鸣"，涌现出苏格拉底、柏拉图、亚里士多德等西方哲学家,创造了逻辑、政治、美学等学科,奠定了西方人文精神和文化基因。本文所论述的是中国文化基因下的人文精神、金东特色的人文精神。

(一)人文精神与中华人文精神

"人文精神"一词,在西方叫 humanism,也可译作人文主义、人本主义、人道主义。但希腊文明成果长期被遗忘,黑暗的中世纪更是被宗教管理,直到中世纪后期才被再次发现,从而孕育了14、15世纪的文艺复兴。中国的人文精神内涵,老子的道家学说集中在《道德经》里,孔子的儒家学说留在了《论语》中,墨子的墨家学说则由《墨子》一书得以体现,一直流传至今,有案可查、有据可依。东西方哲学思想,各有各的内涵、智慧,都闪现着人类思想之光、精神之光,各自融合在中华文明和西方文明中。西方强调人本,认为人文精神就是以人为本、个性解放,通过信仰使人虔诚;中国强调心本,认为人文精神以心为本、以和为贵,通过悟道协和天下。

显然,中华人文精神,是在中国"心文化""和文化"中体现出来的。中国的经济发展、社会进步,都不是以个性的自由解放、任意挥洒为前提,而是以修身养性之诚意正心、悟道明德为前提。只有中国文化才会提出治国平天下的宗旨是协和天下,只有中华人文精神会倡导发展经济、人民富强的出路在于建立人类命运共同体。所以,走中国特色的社会主义道路,我们有自信;行中国特色的社会主义制度,我们有自信;建中国特色的社会主义理论，我们有自信；传承中华优秀传统文化，创中国特色的社会主义新文化，我们有自信。

中华文化五千年厚积，而今新时代里一朝薄发，仁爱、和谐、务实、整体、重史、责任、勤奋的民族性格，是中华人文精神的核心内容。人之所以是万物之灵，就在于有人文；中华民族千百年巍然屹立，就在于有独特的精神文化。人文精神不仅是精神文明的主要内容，而且影响到物质文明建设。它是构成一个民族、一个地区文化个性的核心内容，是衡量一个民族、一个地区的文明程度的重要尺度。金东人文精神必然以中华人文精神为基础、为内核。

(二)"两个一体化"与金东战略

发展经济，必须与精神文明建设相适应，这是中国特色，也是中国文化的要求。金东区域经济发展战略，已经形成五大千亿产业为主体的产业集群，正在努力建设长三角南翼的智造强市，争取实现长三角一体化、金义一体化的"两化"融合。

显然，金东"四大"战略，一是融入国家级经济带，在建设世界级城市群中展示金华市的核心魅力；二是融入省级都市区，在建设创新智造基地、和美宜居福地中展示金东区的核心魅力。这就需要金东明确如何实现产业链的强链延链补链，促使金东产业链韧性大、强度硬，能进一步拓展延伸。

合作，有区域合作，也有行业协作。以往区域合作主要是互通有无，可研究产业链链接合作，专门分出一条支链，双方强链、双向延链，彼此补链；因为是分支链接，主链对支链没有依赖关系，支链即使出问题也不会影响主链。行业协作，比如地方区域与高速公路（或高铁线）协同合作，形成区域点与交通线协作经济模式，双方共赢。前者为"区域支链"合作模式，后者为"点轴经济"（点为区域，轴为交通）协作模式。

无论是项目选择还是区链合作，金东经济发展是金华经济格局的重要一环，是助推金华市融入长三角城市群、建设金义都市区的金东战略。作为金华市本级重要区域，金东是现代化都市区建设的主战场、主阵地。金东高质量建设和美金东、高水平打造希望新城，推动金东城乡建设从外在美到内在美、个体美到全域美、单一美到全面美的转变，目标是以一座更有活力的现代化新城为人们创造更美好的生活。这就必然要求与江南文化一脉相承、与江南人文精神相适应，与浙江精神一脉相承、与金华精神相适应。

长三角的风骨就是江南精神，浙江精神中有着江南精神的核心，也有着"五千精神"的内涵，更有着吴越的风情、钱江的风潮。浙江之心的金东，"两个一体化"方略与"两个文明"建设协和，融合江南文化、秉承浙江精神"求真务实、诚信和谐、开放图强"，并且"干在实处、走在前列、勇立潮头"。

（三）新时代金华暨金东人文精神

人文精神是一个民族、一个地区文化个性的核心内容，是对人的素养、价值、命运的维护、追求和关切，是人的全面自由发展的理想人格的肯定和塑造，是传统文化和民族精神的综合。金东，是金华的重要组成部分，必然与金华战略规划相统一，也必然以金华精神为金东精神。金东文化具有明显的集群化、多元化、可变化特征，金东人文精神更典型地体现在"耕读求真、实干创新、包容奋进"的内涵中。这一内涵，既根植历史，又与时俱进，凝聚着全区人民的思想、精神、文化、历史共识，具有深厚的历史渊源、广泛的社会基础和鲜明的时代特色，反映了金东文化的积淀和传承，展现了金东人的文化自觉和文化自信。

金东人耕读传家、纯粹求真，这是历史文化的传承。浙江是沿海省份，金东是浙江的"内陆"，中国社会自古都把"耕读传家"作为重要家规家训劝勉子孙，金东亦如是。有人认为这是小农经济下的追求，其实不然。无论历史发展到什么阶段、社会发达到什么程度，都必须是以"耕"——尊重自然、勤劳做事来立身，以"读"——知书达理、修身养性来立德；既学谋生，更学做人，"耕读传家久，诗书继世长"。耕者，亲身劳动也，实践出真知；读者，格物知致也，书中明事理。金东人秉承古训，立意创新，坚持"耕读求真"。

金东人勤劳实干、锐意创新，这是八婺风格的写照。前面说"耕读传家"时，已经展示了金东的踏实肯干、锐意创新。"实干"是金东风格，"创新"是金东特色。"水通南国三千里，气压江城十四州"（李清照《题八咏楼》），这份"气"不是吹出来的，是金华人民干出来的。"金华山色与天齐，一径盘纡尽石梯"

（袁吉《登金华山》），这"石梯"不是天然生就的，是金华人民干出来的。勤劳的金东人创造了金义都市区、创造了金东新农村，其"实干创新"精神之花绽放在金东区的每一个地方，让金东有条件融入长三角，有条件连接金义大区。人文精神与经济建设有机融合，金东形成了可持续发展的良好机制。

金东人有容乃大、拼搏奋进，这是悟道明德的浓缩。包容首先是宽容大度，是仁心爱人，是胸襟坦荡，这是一种品德。"海纳百川，有容乃大；壁立千仞，无欲则刚"（林则徐语），无欲不是没有任何欲望、没有人生目标，而是博大的胸怀里没有私欲。如海洋那样容纳得下所有江河的倾入，有无限容量所以浩大；如高山那样挺得起万丈峭壁的坚硬，无私心杂念所以刚强。这是金东人民的真实写照。包容还是经济发展的包容性，是区域经济一体化的深入推进：金义都市区经济发展的一体化推进，长三角城市群经济发展的一体化推进。包容性是指以人为中心的，人与人、人与社会、人与自然的和谐发展，不仅仅是量的增长，还是质的推进，不仅仅是经济的发展，还是包括人文精神在内的全面发展，是社会和经济的协调发展、可持续发展。金东人民为此在奋斗着、拼搏着、前进着。这是新时代的"包容奋进"精神。

二、"两个一体化"与金东人文区位

2019年2月，国家发展改革委发出了《关于培育发展现代都市圈的指导意见》。该意见把城市群与都市圈作了一个明确区分，认为"城市群是新型城镇化主体形态，是支撑全国经济增长、促进区域协调发展、参与国际竞争合作的重要平台。都市圈是城市群内部以超大特大城市或辐射带动功能强的大城市为中心、以1小时通勤圈为基本范围的城镇化空间形态"。这就是说，城市群是规模更大、范围更广的一个大区域；都市圈是其中以大都市为核心的1小时通勤圈。长三角是国家级城市群，其中上海、杭州、南京等以及各自的辐射圈形成一个个都市圈。金义都市区是长三角城市群浙江翼的一个在建都市区，是浙江省杭宁温之外的第四个经济增长极，具有特定的经济区位、特定的人文区位。

（一）"长三角一体化"的世界视野与人文精神

1. 城市群建设的要义及其区域融合发展

按照国家战略，长三角城市群总体定位是，顺应时代潮流，服务国家现代化建设大局，从战略高度优化提升长三角城市群，打造改革新高地、争当开放新尖兵、带头发展新经济、构筑生态环境新支撑、创造联动发展新模式，建设面向全球、辐射亚太、引领中国的世界级城市群。浙江地处长江三角洲南部，金义都市区地处浙江中部，既是金华市不可分割的一部分，也是连通金华市与义乌市构建的金义都市区，区位价值明显。

2019年12月1日，中共中央、国务院公布了《长江三角洲区域一体化规划纲要》。规划范围包括上海市、江苏省、浙江省、安徽省全域，这是要建设成面向全球、辐射亚太、引领全国的一个世界级城市群。

这个城市群交通便捷、生态宜居、经济活跃、文化宽容。作为其中的一分子，金东必须具有世界级的视野、地球村的意识，不仅要强自身，还要能辐射周边（更进一步，融入都市区、城市群，辐射全国、辐射世界）；充分利用长三角高密度的交通网包括高速公路网、铁路网（含高铁网）、港口机场网、内河海运网，以及高质量的经济活跃度发展金东。这里所提的经济活跃是可持续的经济活跃，在城市建设和经济发展中，保证经济发展的长盛不衰。

有了人文精神、文化内核的城市，才有可能可持续发展。这应该是金东全球视野下所获得的重要启示。

2. 都市圈联动的要义与民族人文精神

都市圈是城市群中一个大都市引领、经济辐射性强、圈内交通网络便利且可快速通达的特定区域。金义都市区，正在朝着这个方向努力；而浙江的中西部，也急需一个这样的都市区来融入长三角。任何一个城市、一个区域，不可能孤立发展，金东也如此。处在金义都市区核心地位的金东，非常有必要与金华市本级、与周边县区特别是义乌市联动发展。

这种联动，须是切合地方实际的，须是各自优势共享、短板互补的。这就需要调查研究，从上海大都市圈、杭州都市圈、宁波都市圈、温州城市群中汲取营养，寻找到能够彼此联动、共度发展的机会与途径，探索出中国特色的、浙江特色的、浙中特色的城际联动、城市群联动、路网联动、经济互补的内涵来。毕竟浙中城市群的高速公路网、城际铁路网、经济联动网等都有自己的特点。越是民族的才越是世界的，同理，越是金东的才越是金华的，越是金华的才越是浙江的，越是浙江的才越是中国的。

江南不仅有烟雨柳巷，更有铮铮风骨；江南不仅仅是文人的温柔绮丽梦，更是文人拳拳爱国心中展现出来的铜筋铁骨，敢于"铁肩担道义"，深知"天下兴亡，匹夫有责"，至死犹书正气歌——这也是江南精神的写照。正是这种文化、这种精神，使包括金东在内的江南、浙江、金华能够集聚优势、扬长补短，使优势更优、长板更长、短板补长，从而推进金义都市区高质量一体化发展，推进长三角高质量一体化发展。

协调共进，推进区域间的协同合作，发挥长三角生态绿色一体化特色，开辟绿水青山，实现可持续发展；同时开放共赢，都市圈联动，人文精神彰显，提升资源配置能力和市场竞争力，发展金义都市区，融进杭州都市圈，辉煌长三角城市群。

（二）"金义一体化"的城市群特性与人文精神

1. 提升城市能级，发挥重要节点辐射带动能力

金华的中心城市形态是组团式城市群的形态。这是一个相当新颖、定位又十分准确的概念。从历史、文化和行政上看，金华市是地级市，是浙中无可替代的中心城市；而从经济、发展规模上看，义乌市声名鹊起，其小商品市场辐射功能巨大。但就任何单一城市而言，都还承担不起都市圈内大都市引领的角色。而金华市所属各县市如东阳市、永康市、兰溪市等，虽然是县级城市，却都各自有各自的经济特色，而且一些乡镇在全国都知名，如东

阳市的横店镇、义乌市的佛堂镇等，彼此之间相距都不远，是一个典型的"组团式城市群"。

在浙江版图中心位置设置这样一个城乡合一的都市区，与"绿水青山"的要义吻合，也与浙江省四大都市区之一、长三角洲城市群的重要节点城市、国家级综合交通枢纽城市、义甬舟开放大通道的重要节点的设想与要求吻合。如此，都市区城市能级大大提升，"组团式城市群"合力成一个大都市。而且目前金华市努力的方向也与其吻合。比如"三个化"建设，首先是"全域同城化"，形成全都市区共建机制，推进规划布局、产业创新、综合交通、民生服务四个一体化。其次是"金义一体化"，把金义黄金主轴作为都市能级提升的主抓手，加快推进区域融合、产业融合、城乡融合。最后是"工作项目化"。实施一批标志性、跨区域重点工程，以实实在在的项目来支撑和推进都市区建设。这"三个化"所努力的就是建设这一大都市区的核心层（金义都市区），以便未来辐射大金华全区域（虚拟大都市全区）。

2. 坚定文化自信，实现精神动力和内在要求

文化是一个国家、一个民族的灵魂，文化兴国运兴，文化强民族强。文化的深度决定一个时代的厚度，这是中国几千年的实践证明。哪怕历史让华夏分分合合，但文化基因永远不变，其文化内涵依然一直傲视群雄。因此，如何重视文化的勾连，就需要每个时代的统筹本领。就今天来说，进步的文化，一直在人们内心酝酿，展示着这个时代的魅力，同时也诠释着伟大复兴的奋斗

理念。

金东是金义都市核心区、金义主轴聚合点,已成为现代化都市区建设最具潜力和前景的主战场。发展经济,一定离不开文化的打造。文化是中华民族的"根"和"魂",守好文化的"根"和"魂",也不是一成不变,而是需要不断创新和发展。金东文化有底蕴,创业创新氛围浓。从文化积淀看,该区块位于双尖山南面航慈溪流域,拥有佛堂、孝顺等千年古镇,文化深厚,人杰地灵,著名诗人艾青、一代文宗宋濂、史学家吴晗、人民音乐家施光南等均成长于此,拥有山头下国家级历史文化名村以及艾青故居、吴晗故居等一批国家级、省级文物保护单位。同时,当地群众创业创新氛围浓厚,经济发展的内生活力比较足,将有利于提升金东的内涵和品位,有利于金东聚人气、活商机。

(三) 金东融入"两个一体化"的人文建设

1. 构建长三角国际化的"人文区位"

相对于国际视野而言,长三角的人文区位,有一张金字招牌:江南文化。"江南好,风景旧曾谙。日出江花红胜火,春来江水绿如蓝。能不忆江南?"白居易的这一首《忆江南》写出了江南的美景。事实上,江南文化远不止天堂苏杭的景色美,海派文化、吴越文化、江浙文化、徽派文化等,如璀璨明珠,镶嵌在江南大地上。江南文化是中国民族文化传承与发展的纽带,是连通古典和现代中国的桥,是长三角地区共同的文化资源和精神家园,其中有着一股子非把事情做成的刚健之气,千年江南经济成就了江南文化。

城市化发展到后工业社会之后，城市文化越来越具备"软实力"战略引擎功能。长三角区域一体化进程，推动上海的国际化能级和影响力提升，上海扮演着一个全球城市竞争中的"中国代言人"角色，同时也是江南文化之领头雁；而南京、苏州、杭州、宁波也是世界级的文化名城与旅游城市，可以通过会展、会议、旅游推介、文化周、主题日等方式，加快走向国际舞台，推广和行销自己的城市文化旅游目的地形象，成为江南文化的两翼。如此，带动和推进长三角城市群形成在全球范围内的"文化区位"和旅游竞争力。这就是长三角国际化的人文区位："江南文化区"。

金东区素有"浙江之心"的美誉，内外交通便利、区位优势明显，生态环境优美，人文底蕴深厚，旅游资源丰富，有条件成为浙江翼群雁中的一只，朝着打造金义都市区中央花园、长三角都市乡村休闲旅游目的地全力迈进。

2. 构建金义一体化的"人文区位"

有历史的积淀，才有丰厚的文明。金华古称婺州，儒学兴盛，名儒接踵，人文荟萃，因此被称为"小邹鲁"。历史给金华留下了厚重的文化遗产，积累了人文优势，达到"水通南国三千里，气压江城十四州"，有了"历史文化之邦、名人荟萃之地、文风鼎盛之城、山清水秀之乡"之盛誉。再加上火腿之乡、花卉苗木之乡、百果之乡、浙中粮仓等美称，以及近年先后荣获的国家历史文化名城、国家卫生城市、中国优秀旅游城市、中国电子商务创业示范城市等称号。显然，金义一体化都市区的第一个"人文区位"，定位在"历史文化名城"。

大陆文明孕育农耕文化，农耕文化基因下的中国人，内心深处都有一个"田园梦"。当人们的生活水平不断提高之后，人文需求越来越大，随着双休日经济的形成、农村环境的优化、新农村建设的成就，城市人群开始向乡村回流，探亲、访友、度假、休闲。在农村土地、房屋还没有向市场开放的时候，回租农村成为一种时尚，"民宿""农家菜""创意乡村"成为一种风潮，山庄、农庄、渔庄层出不穷、生意兴隆。回归田园，成为一种健康的生活方式。如此情况下，虚拟大都市的乡村城市、城中乡村模式，就应该是一种符合潮流的设计。所以，我们认为，金义一体化都市区的第二个"人文区位"，就应该定位在"乡野化都市"，村民成市民，原有城镇为都市核心城区。

三、"两个一体化"下金东人文精神基础

"融入长三角"。金东锚定设区20周年这一关键节点，积极融入长三角一体化，深度参与全省"大湾区、大花园、大通道、大都市区"建设，等高对接金华作为长三角城市群26个区域中心城市之一的战略安排。共建都市区。金东立足金义都市区，聚焦金义一体化、全域同城化，做好"实体、创新、生态、人文"四篇大文章，努力打响"中心区"金字招牌，彰显"核心区"优势地位，打造都市区发展最快、最具活力的区域。

(一) 金义都市圈崛起"希望新城"

一个有品位、有魅力的城市不在于它的大小，而在于要有自己的特色。近年来，随着城市基础设施的进一步完善，金东城市环境也越来越美。特别是亚运分村、市第二生活垃圾焚烧发电等城建项目集中开工，金华之光文化广场主体完工，浙中总部经济中心一期结顶，市城展馆投入使用，城市品位得到进一步提升。

金东，主动融入"两个一体化"，积极对接"三大改革试点"，对标对位"四个参照系"，以"和美金东、希望新城"的工作主题，努力实现八个方面工作走前列、立潮头，八个主要经济指标翻一番，合力打造最具希望的都市核心区、最具活力的重要发展区。

抱团发展、区域融合是当今时代的发展主题。金东作为金义都市区建设最具潜力和前景的主战场、主阵地，在推进金义一体化、建设现代化都市区中占据重要位置。未来，金东将在金义一体化进程中扛起更大责任。积极对接金华国家现代服务业综合试点、义乌国际贸易综合改革试验区、浙江横店影视文化产业试验区，全力服务保障金义都市新区、多湖中央商务区、金华山旅游经济区，共享政策资源，承接产业转移和溢出效应，打造都市区发展最快、最具活力的区域。对标实体经济翻身战、改革开放攻坚战、都市能级提升战、交通廊道突击战、民生改善持久战、生态环境保卫战、基层治理巩固战、文明创建荣誉战、清廉金华推进战等九场硬战，变乡土为热土，变后起为崛起，变潜力为活力。

全力发展都市区经济,积极打造精品城市标杆,着力建设和美乡村样板,在金义主轴聚合度、都市区核心区首位度提升上承担使命担当,体现金东作为。

当代金东人民必将以非凡的聪明才智,承担起文化传播者和新城建设者的神圣使命,拓展眼界,聚集资源,理出脉络,遴选精华,展现时代风貌,弘扬金东精神,让一个焕发青春、朝气蓬勃的金东走到人们面前,把一个创造奇迹的新金东留给历史。

(二) 独具金东特色的"人文富矿"

金东厘清文脉,摸清家底,以"人文富区"战略坚定发展信心、开阔视野眼界,做好以文化人、以文铸城、以文兴业、以文富民文章,让金东人文资源变成强区富民的不竭动力。眼下,金东主动融入长三角一体化、金义一体化,一座希望新城正快速崛起,努力走出一条具有金东特色的"产、城、人"融合发展的新路。

12字金东人文精神,是在新时代金华精神的基础上,根据金东实际进行的再提炼、再论述,彰显了金东人的集体智慧,寄托了金东人对于美好生活的向往,浓缩了金东绵延的历史和厚重的人文积淀。

金东自古名人荟萃、人杰地灵,文化底蕴深厚,是一代文宗宋濂、新民主主义革命先驱施复亮、人民音乐家施光南、诗坛泰斗艾青等人的故乡。仅仅方圆不足10平方千米的双尖山麓、潜溪河畔,就孕育了宋濂、艾青、施复亮、施光南、傅东华等著名历史人物。众多的古代贤守、文化名人、乡贤志士、科学大家、教育名家、革命功臣、辛亥志士等各个领域中有建树、有贡献的人物世世代代生活在金东,他们的学说、言行流传甚广,影响深远。

一个个闪闪发光的名字,承载着绵延千年的金东文脉。"耕读求真、实干创新、包容奋进"的金东人文精神,既根植历史,又与时俱进,凝聚着全区人民的思想、精神、文化、历史共识,具有深厚的历史渊源、广泛的社会基础和鲜明的时代特色,反映了金东文化的积淀和传承,展现了金东人的文化自觉和文化自信。

十多年间,金东区孕育出了许多本土文化传承者。他们中既有能歌善舞的,还有许多善于在普通的商品上植入文化元素,把即将消失的非遗技艺玩出"潮"味的,颇具风采。近年来金东在拓展文创产业发展空间的同时,加大扶持力度,发展壮大古婺窑火、木版年画博物馆、麦磨滩文化产业园等一批集参观、体验、特色旅游于一体的本土文创企业,文创产业后劲十足。

文化不仅能够让老百姓愉悦,还能让老百姓富裕,金东走出了一条通过文化"富脑袋"到"富口袋"的改革之路,这也正贴合了金东"人文富区"的发展战略。

(三)金东交通枢纽的"人文交汇"

区域一体化不是简单的一样化、均质化,目的不是消灭差异,而是希望降低壁垒、促进资源要素的自由流动,从而形成一体化的市场,促进城市分工体系的形成与效率的提高。"生态绿色、分工效益、交通互联"是区域一体化发展的重要支撑。

而作为贯通两者的"血脉",交通是基础性、先导性工程。

建设全国性综合交通枢纽，不仅事关金华长远发展，而且对全省乃至全国现代综合交通运输体系发展也具有重要影响。

紧紧抓住"两个一体化"的历史性机遇，找准金东的发展定位，全力服务保障金义都市新区、金华山旅游经济区、多湖中央商务区开发建设，加强与义乌的战略协作，加速金义对接融合，共同托举全省第四大都市区的隆起。紧抓金华共建全国性综合交通枢纽的重大机遇，全力保障金义东城际轨道交通、金义中央大道、建金高速、建金铁路建设，配合做好沪昆外绕和金义三四线铁路、都市区综合交通枢纽项目前期，进一步织密纵横贯通、内畅外联的交通网络，加快打造"到邻近省会城市2小时交通圈、都市区1小时通勤圈和相邻城市半小时联系圈"。发挥金东在义甬舟开放大通道的节点作用，放大浙中公铁水联运港等区域性交通设施优势，推动苏宁易购等智慧物流基地项目建设，大力发展枢纽经济、临港经济等开放型产业。

参考文献：

陈旭光，2001. 艺术的意蕴［M］. 北京：中国人民大学出版社.

胡小武，2019. 长三角一体化国家战略中的城市定位［J］. 群众，2019-02-16.

黄晓华，2018. 西子湖畔，纵论金义都市区未来［N］. 金华日报，2018-08-22.

金民卿，2019. 以文化自信塑民族之魂［OL］. 人民论坛，2019-11-20.

李雄伟，2019. 在区委四届七次全体（扩大）会议暨区政府第三次全体会议上的报告［C］. 2019-07-30.

楼盼，盛游，2019. 以金义一体化大手笔绘就"八骏图"［N］. 金华日报，2019-02-23.

田学斌，2018. 中国奇迹与中华人文精神［J］. 学习时报（8）.

徐井岗，2006. 城市群与高速网联动发展新思想——以浙中城市群及群内高速公路网为研究个案［J］. 城市发展研究，2019-03.

徐井岗，2013. 人心管理论——基于国学与东方思维的中国管理理论［M］. 北京：经济科学出版社.

金东人文精神与"四大战略"实施

陈旭东[1]

内容提要：在新时代历史背景下，金东牢牢立足传承和弘扬金东人文精神，主动放在"四个参照系"里对标发展，围绕"高质量建设和美金东，高水平打造希望新城"的发展方向和工作主题，提出实施"实业兴区、创新强区、生态立区、人文富区"四大战略，让金东人文精神成为推动"四个战略实施"、加快迈向"和美金东、希望新城"的强大精神力量。

关键词：金东人文精神 四大战略

人文精神是一个地方的根与魂，是展示地方形象、提高文明程度的重要因素。"耕读求真、实干创新、包容奋进"的金东人

---

[1] 陈旭东：金华市委党校副教授。

文精神，既是对金东这块区域传统历史文化经验的深刻总结，又是对千百年来金东人民励精图治、艰苦创业精神的高度凝练，同时也是对今天金东建区近20年来不断深化改革与扩大开放所体现出来的"精气神"的全面升华。作为地域文化精髓，它有着鲜明的地域文化特点和浓郁的时代气息，浓缩了金东历史文化的过去、现在和将来。在新时代历史背景下，金东牢牢立足传承和弘扬金东人文精神，主动放在"四个参照系"里对标发展，围绕"高质量建设和美金东，高水平打造希望新城"的发展方向和工作主题，提出实施"实业兴区、创新强区、生态立区、人文富区"四大战略，让金东人文精神成为推动"四个战略实施"、加快迈向"和美金东、希望新城"的强大精神力量。

一、金东人文精神是贯穿金东传承发展到创新实践的思想主线

（一）金东人文精神是凝聚各个历史时期金东人生生不息的思想纽带

金东是一片希望的土地，自古名人辈出。作为金华市域的两大主城区之一，金东与金华市区既浑然一体，又有自身个性。金华春秋时属越国，秦、汉为乌伤县，三国吴宝鼎元年置郡名东阳，金华设立郡府建置自此始。2000年12月31日，国务院国函〔2000〕138号《关于同意浙江省调整金华市部分行政区划的批复》，批准撤销金华县，设立金华市金东区，将原金华县的傅村、孝顺、曹宅、塘雅、澧浦、岭下、江东、赤松、源东和婺城区的仙桥、东孝、多湖12个乡（镇）划为金东区行政区域。这一区域是金华市域人文荟萃的集聚地和文化传承发展的动脉。南宋名相王淮与王本、王登、王师德一家均官居一品，王氏家族在金华历史上名声显赫，"四世一品"由此得名。明初文臣之首宋濂曾在潜溪苦读，后宋濂慕郑氏家风淳厚，追随吴莱迁居浦江青萝山东明书院，主讲20余载，为明朝建立与国家建章立制培养了大量人才，婺学成为明王朝的重要指导思想，宋濂功不可没。党的早期创始人之一、社会活动家施复亮及人民音乐家施光南父子以"半耕半读"为家训，在这种勤奋质朴、求真务实的家风熏陶下，施复亮一生以探求社会发展的真理为己任，为我国革命事业尽心竭力，对中国民主建国会创建和迎接新中国的诞生作出了积极的历史贡献。"诗坛泰斗"艾青故居建有"礼耕堂"，在这种"耕读家风"的浸润下，诗人深深热爱着祖国和人民，创作出《大堰河——我的保姆》等笔触雄浑、感情真挚的诗，写出了"为什么我的眼里常含泪水，因为我对这片土地爱得深沉……"这样拨动人心弦的诗句。这些名人前辈的卓越成就展示了金东人勤奋刻苦、求真务实的优良品质，增强了金东人民的文化自觉和文化自信。金东人素有民胞物与、四海一家的情怀，对各种进步文化兼收并蓄，对各种进步观念和生活方式尊重接纳。金东大地上，释道并存，大佛寺钟磬悠扬，赤松宫鸾鹤翔集。人口迁徙频繁，种性繁复，原住家族与外来客姓以礼相交，其乐融融。汉、畲、回等多个民族在此繁衍生息，各得其所。多种文化的交融和吸纳，使金东文化在历史的厚重与深沉的基础上更加五光十色。

(二) 金东人文精神是金东承续金华三千年历史文化记忆的文化基因

南宋时期，金华商贸昌盛，为重要的运输中心和造船业中心，沿江码头、商埠遍布，为发展成为地灵人杰、经济繁荣、文化兴盛的区域中心奠定了基础。金华为浙江省重要的军事要塞，号称"铜金华"，历来为兵家必争之地：南宋宗泽抵抗金人入侵，金华为宋高宗驻跸之地；朱元璋占领金华后，把金华当作立足江南睥睨天下的核心根据地来经营；李世贤攻克婺城，金华成为太平军重要政治军事中心之一；抗战时期，金华成为东南地区的抗战中心，吸引了大批文化力量聚集于此。其中金东不仅历史上区位显要，今日更是成为金华市域乃至全省交通要道最为密集畅通的城市之一。自宋元时期始，金华山成为儒释道三教融汇的典范地区，集中体现了"以道养生、以佛修心、以儒治世"的中华智慧。八婺文化包容并蓄，孕育出融合多种声腔的婺剧、闻名全国的百工技艺、陶瓷史上的奇葩-婺州窑、勤业维生的婺商等，彰显了地域传统文化的风采。金华的诗词文化集中体现了八婺文化精髓，在钱塘江诗路文化带上占据了重要位置。金华古城是"浙学渊薮"，吕祖谦是浙学（婺学）奠基者，在此孕育、发展出了包容、求实、进取、事功的浙江精神，具有极大的历史意义与重要的时代价值。婺学核心思想中的经世致用与务实作风深入人心，这种包容并蓄、求实创新的思想为浙江精神的孕育提供了土壤，也是今天金东人文精神的文化之源与思想之魂。金东众多历史文化遗产无不凝聚其精神实质，如仙桥历史文化街区起源南宋初年，沿赤松溪而建，背山面水，呈北斗七星状分布，是典型的江南婺派古村；中国传统村落山头下村依托山水丘陵风貌，形成了依水傍山、依山面水的村落布局形态，兴建了伟大的水利工程设施，是古代城市营造中"天人合一""耕读传家"思想的典型。

（三）金东人文精神是金东开创"和美金东、希望新城"新局面的精神动力

和美金东，是金华市委基于金华新的历史方位而作出的未来发展定位，是"信义和美、拼搏实干、共建图强"新时代金华精神的重要内容。和美金东，是金东建区以来历届区委决策部署的继承、丰富与深化。区委早在2001年规划设立金东新城区时就提出着力打造"绿水新城、文化新城、活力新城"。2012年又提出，要把"美丽"作为金东发展的战略目标来推进、作为最大的竞争力和最核心的品牌来打造。2016年区第四次党代会提出要建设美丽幸福金东。2018年区委四届五次全会提出实施"四大战略"建设，奋力谱写高质量建设和美金东、高水平打造希望新城的新篇章。无论是从"活力"到"美丽"，再从"幸福"到"和美"，始终凝聚了耕读为本、求实为要、创新为动力、奋进为方向的金东人文精神。金东历来是"希望的田野"，在金东城市全域化的新时期新阶段，希望新城就是对希望田野的现代化的新时代演绎。希望新城承载着金东人民的向往与期盼，寓意着金义一体化、全

域同城化发展的趋势，代表着组团式城市群发展的高度，寓意着意气风发、蓬勃向上的气象。党的十九大提出，以城市群为主体构建大中小城市和小城镇协调发展的城镇格局，以各类城市群为主体，加快县域经济向城市经济、都市区经济转型是大趋势。当前，长三角一体化已上升为国家战略，浙江省委提出全面实施大都市区建设行动计划，加快打造长三角城市群"金南翼"。金华市委提出要打造增长极、共建都市区，打赢都市能级提升战，推进金义一体化。金东是主动融入"两个一体化"的关键"结合部"与"增长极"。

二、以金东人文精神引领"四大战略"深入实施、融合发展

（一）金东人文精神为"实业兴区"提供耕读传家、知行合一的永续动力

"耕读传家久，诗书继世长"，耕读文化是中华文化的重要组成部分。我国古代知识分子追求"耕"与"读"相结合的生活方式，在繁重的农业劳动之余，还能挑灯夜读，形成的不仅是指半耕半读的一种生活方式，更是一种情怀与价值追求。中国传统耕读文化有孝悌为本、崇尚道德、克勤克俭、人与天调、自强不息、协和万邦等内涵，实质上是人生"由此出发"与"最终归宿"的辩证关系。在金东土地上，正是我们的先祖对"合族而居、安居乐业"的"家"的精神追求，以及"家天下"处世观念的现实基点，一代代就这样繁衍生息，使得亲情血脉与家国情怀始终相依相存。进入新时代，面对金华市委、市政府赋予金东现代化都市

区建设主战场、主阵地的历史使命,这些由金东人民长期积淀、孕育而成的文化品格得到进一步凝练,"耕读求真、实干创新、包容奋进"的金东人文精神激励着金东人民将自发的追求变为理性的自觉,并使之熔铸到每个人的心灵和行动之中,成为不断推动金东发展的精神动力。

(二)金东人文精神为"创新强区"提供从苦干创业到实干创新的突破力

金东既是一个历史文化悠久的区域,又是一个行政区域很年轻的区域。创新是金东最大的特征,又是金东最明显的短板。创新强区是大势所趋,抓创新就是抓发展,谋创新就是谋未来。技术革新、消费升级很可能会因为今天的"看不见",导致明天的"来不及"。全球竞争、跨界融合使未来的实体经济将会更基于"互联网+"的"新实体经济",比创新、比品质才是制胜之道。要素趋紧、成本上升使许多城市发展陷入"成长的烦恼",创新动能不足凸显,而如金东对标的杭州滨江区等一些城市一路高歌猛进,靠的就是实干比拼、创新驱动。当前,金东迎来了前所未有的发展机遇,金华加快融入G60科创走廊、金义都市新区正在积极创建国家级高新产业园区,金东创新强区平台更加广阔,根基更加坚实。同时,金东有面临创新强区的众多工作短板,尤其对标对位"四个参照系",差距还十分明显:抓创新工作能力不足,创新投入不足,创新资源不足,等等。短板既是压力,也是潜力,压力越大,潜力越足,变压力为动力,靠的是金东广大干部群众的"功成不必在我"的胸襟气度和实干创新的强大精气神,越是困难和关键时期,越要大力弘扬金东新时代人文精神,下得了决心,守得住耐心,保持好恒心,永葆蓬勃的生机、旺盛的活力。

(三)金东人文精神为"生态立区"提供求真务实、包容和谐的思想定力

人文精神在经济社会发展实践中可以具体转化为经济社会发展的正确战略规划、经济社会发展目标、法制和道德规范,为实现可持续发展提供动力、智力支持和良好人文社会环境。金东伴随"四个战略"深入实施,其未来发展中将更加凸显其个性化特征。在充分考虑金东城市未来经济的发展对城市空间的充分利用时,要同步充分考虑到城市的历史文脉、地域文化以及人们的文化生活。近年来,金东人文精神在经济社会发展中,一直发挥着导向和规范作用。金东区以人与自然和谐共生的思想为指导,建造了"施光南音乐广场""艾青文化公园"等一系列文化设施。2002年,习近平同志来金华调研时特别指出,"金东区的建设有文化内涵,像施光南音乐广场、艾青公园,就是利用了本地名人效应。"这是城市规划与人文精神融合的一种体现。琐园、山头下、蒲塘等传统村落的耕读家风代代相传,村落环境整洁优美,真正诠释了"绿水青山"就是"金山银山"的理念,是"生态立区"的最好注脚。勇于创新的金东人除了在思想层面不断进行理论创新、思维创新、制度创新和文化创新,在实践层面也不断进

行路径创新、科技创新、节俭创新和协同创新。六角塘村垃圾分类艺术馆的"金东实践"、居家养老全覆盖的"金华样本"等都是关爱生命、关爱自然的人文精神指引下金东人突破陈旧观念束缚的创新实践。

（四）金东人文精神为"人文富区"提供内涵丰富、特色鲜明的精神内涵

金东人文荟萃，在各个时期各领风骚，在全国乃至世界文化舞台上都一度影响深远，因而在"人文富区"战略中具有几个重量级的人文丝路带。一是打造潜溪文化带。宋濂曾被明太祖朱元璋誉为"开国文臣之首"，在我国古代文学史上与刘基、高启并列为"明初诗文三大家"。刘基赞许他"当今文章第一人"，四方学者称他为"太史公"。宋濂从小生活与求学的傅村潜溪一带文风鼎盛、名人代出，但文化挖掘工作几乎是一片空白。要以此为契机，积极打造"宋濂文化诗词廊道"，充分挖掘潜溪历史上名人优秀诗词作品及其精神文化产品，积极推进潜溪文化带建设。二是打造国际诗歌小镇。充分发挥艾青国际诗坛泰斗的影响力，坚持高起点、高格局和国内、国际互动，进一步整合资源，推动国际国内研究机构、行业龙头企业、国内外优秀行业联合会、乡贤会成员的交流及考察活动，同时做好项目引进和招才引智工作，推动"艾青公园""诗歌小镇""畈田蒋居家创业与公园建设一体化建设"更加体现金东文化历史特征和符合国际视野。三是打造"中国音乐之乡"。施光南创作出《祝酒歌》《在希望的田野上》

等上百首脍炙人口的歌曲，唤起亿万人民的强烈共鸣，成为一位德艺双馨的"人民音乐家"。当前要在"人文富区"战略实施中把施光南家乡源东乡及下叶村建成爱国主义教育基地和国际音乐驿站，让更多人品尝"希望的田野"的音乐味道。四是打造古街巷古村落群体。琐园成为浙江省第一个承办"海外名校学子走进古村落"的古村，在国际上传播和讲述了"金东声音""金东故事"。金东众多古建筑、古村落和人文景观得以更好保护开发，傅氏宗祠、仁甫祠、爱敬祠、栈房、培德堂、艾青故居、山头下村"袖珍古城"和溪口村"潜溪源头"等古村、古建、宗祠日臻修缮。当前要找准与家风、家教、家训的结合点，坚持固态与动态相结合，并融入多种文化元素，使保护古街巷古村落与推动经济社会可持续发展完美结合、统筹推进。

三、以人文精神视角看金东"四大战略"实施的路径选择

（一）更加注重前瞻性规划

金东作为金义都市区的核心区块、金义一体化的聚合区，在区域协调发展的过程中高度重视结合人文精神指导具体的发展实际，树立人与自然和谐发展的价值观，在高质量发展经济的同时，兼顾自然生态、环境保护、民众幸福感的获得等方方面面的问题，促使GDP增长与社会公益福利实现"双赢"。在发展经济过程中，只有不断增强文化内涵，发挥文化要素作用，增加人文精神和文化资源在各种资源中所占的比重，丰富经济产品中的文化含量，把文化理念和内涵融入生产、流通、分配、消费过程各个环

节，促进文化与经济日益交融、彼此渗透、相互促进，从而促进经济、社会、自然环境、生活水平等一系列协调发展，真正实现以金东人文精神推动"四大战略"深入实施的最终目标。首先，对区域内产业结构分工布局要基于各个区块的人文特质来规划。金东区各个乡镇、街道的人文特色鲜明。比如，赤松、源东、曹宅、塘雅和澧浦人主要从事蔬菜、水果、苗木种植为主，在这个区块可以形成"旅游+农业"产业布局，推动农旅融合发展；多湖、东孝、江东和岭下几个乡镇位于城区或城郊，人们多在企业从事生产活动，可以形成"城市+工业"产业布局；孝顺、傅村和鞋塘几个乡镇位于金义都市新区内，可以结合"田园智城、都市新区"的发展规划，形成"科创+人文"产业布局。同时因势利导加强对金东传统文化的统筹规划和保护开发，统筹协调引进更多的海外交流项目，如加大特色历史街区、古村落、鲜活民间艺术、独特家规家训等文化遗产的保护，优化金东文化"走出去"的战略规划和布局。不断吸收外来文化精髓，如生态环境与生态习惯等，取其精华、弃其糟粕，让传统村落文化更加符合时代潮流，在促进自然环境山清水秀和政治生态山清水秀的融合发展中焕发出勃勃生机。

（二）更加注重原生态保护

金东"耕读求真"的人文精神蕴含人与自然和谐共生、科学与人文融合发展的生态自然观，为大力推进生态立区战略实施提供源源不断的精神动力。当前要牢牢守住山青、天蓝、水清、地洁四条生态底线，大力发展绿色经济、建造绿色家园、完善绿色制度、筑牢绿色屏障、培育绿色文化。一是结合文明创建美化人文环境。将浙中生态廊道金东段改造成"美丽城防示范带、最美生态景观带、特色村镇风情带、精品城市展示带、美丽经济产业带、幸福生活体验带"。继续做好城市、农村生活垃圾分类"全国领跑"工作，让民众切实享受到优美环境带来的生态福利。要借助各个街道、村落的文化礼堂进行宣传教育，让生态意识熔铸到民众的心灵和行动中，提高民众的整体素质。二是在加大和美乡村建设中推动古村落的国际化保护。金东区拥有一批魅力无限的古村落，这些村落拥有优雅的建筑形态、优美的人居环境、悠久的乡村文化，是一座座"古村落生态博物馆"。要继续以国际视野和科学理念为指引，合理有序地保护和发展村落，清晰划定保护区划边界，为实现传统人文建筑与自然保护区和现代生产生活服务区建立清晰的空间关系，按照"修缮、修复、完善"的原则，确保原有自然历史文化肌理与促进居民生产生活及发展需求相得益彰。此外，要精细开展对每一幢文物建筑的保护和每一个庭院的自然绿化，还传统村落"原样"，还庭院建筑"原味"，最大程度地保护古代历史遗迹、引导村民创业创新，满足他们对现代生活的渴求。同时，以这些村落为榜样，带动其他村落走出"绿色+人文发展"的金东新路子。

（三）更加注重区域创新的人文实践

结合人文精神来重新发掘区域创新的途径和方法，能更加有效地实现创新在区域实际发展中的推动作用。哈佛大学著名战略管理学家迈克尔．波特曾经断言：基于文化的竞争优势是最根本的、最难以替代和模仿的、最持久和最核心的竞争优势。在区域技术创新过程加入人文因素能够使技术更加完善和真正地工具化，而且能使这项技术更具特色和竞争力。因此，在技术创新领域渗透人文方法论显得尤其重要。科学技术的飞速发展离不开人文环境的滋养。金东区拥有音乐和诗歌两大特色品牌，在一些企业的创新产品或创新服务中，可以植入音乐和诗歌元素，突出"诗歌故里、音乐之乡"的特色，使产品更具竞争力。同时强化技术创新目的的人文反思，鼓励科技人员在生产创新产品或研发创新技术的时候融入本地区的人文素材，率先引领一切科技创新都应回归"以人为本"的目的上，不以浪费资源、破坏环境、牺牲民众幸福感为代价来换取技术创新带来的物质享受。应给予技术创新足够的人文预测，尽可能最大程度地把技术创新的不良后果抑制在萌芽状态，让"产业兴区""创新强区"成为金东发展的动力，同时"生态立区"和"人文富区"成为前者的"制衡器"，规范着他们的发展速度和前进方向，使四大战略互相融合、互相促进。

（四）更加注重在制度创新中发挥人文关怀

制度对经济发展具有核心性的决定力，有什么样的制度框架，就有什么样的经济发展形式。通过改变区域的文化认同和行为社会标准，有效实现制度创新。首先，政府层面要树立正确的创新观念，在针对本地实际情况制定法律法规、行政规章及经济发展政策时，制定相应的绿色GDP考核指标，提前预防各地区在推进制度创新时可能表现出的短期行为，以免为片面追求短时期的政绩而破坏生态环境。其次，推动这个区域的制度创新来体现本区域的文化特色。比如温州人在艰苦的自然环境中繁衍生息，养成了不屈不挠的性格，形成了有地方特色的瓯越文化。金东人文精神内涵丰富，其求真务实、敢于创新、善于实干、和谐包容的优秀品质体现在区域制度创新中，会激发出更强大的动力，彰显浓郁的金东特色。在这种文化的熏陶下，金东人勤奋刻苦，务实进取，善于学习，敢于创新，推动了金东赶超发展和区域制度不断创新。

（五）更加注重国际化交流

借鉴乌镇世界互联网大会经验，针对当前国际会议或展会趋向于选址小而美的地方，通过在禀赋优异的金东现代城市音乐厅、古村落、特色小镇等举办论坛、研讨会、智库及青年交流等多种形式的交流活动，吸引各国的经济学家、历史文化学者、建筑学家和艺术家等实地参与。推出一批更好地体现"金东元素、中国特色、世界眼光"的村落，以政府引导，村民自发参与、自主经营，村集体组织管理的新型方式，为海内外游客、学子提供"家"一般的情感之旅，把金东传统村落的"渔歌风情""家园乡愁"永久刻录到海外参与者、旅行者的脑海中，最终实现"客人变家人、学子变孩子、他乡变故乡"的共享成果，从而在国际交往的学术与实践双重层面上进一步明确金东的地位和价值。要积极增进民间团体的国际交往和文化传播深度、广度与频度,用金东最具有明显优势的诗歌、影视、绘画、戏剧、民乐等现代艺术来诠释传播金东人文内涵和推动国际人文交流。

总之,金东建区近20年来,金东人文精神与金东的全面发展经过了一个相生相依、融合发展的道路。"四大战略"的实践努力逐步打通了金东人文精神与"高质量建设和美金东,高水平打造希望新城"发展定位的通道,金东人文精神正逐步焕发出前所未有的生命力,持续把"和美金东"变成中国美丽乡村的浙江样板,把"希望新城"变成浙江都市区的金华样本。

参考文献:

李成章,2020. 产业集聚与城乡收入差距问题浅析 [J]. 广西质量监督导报 (2):137-138.

马春香,2006. 河北人文精神的内涵及其在文化大省建设中的价值与作用 [J]. 河北学刊 (3):197-199.

孟杰,2014. 人文精神是市场经济发展的重要支撑 [J]. 中国乡镇企业会计 (6):239-240.

阳素云,2015. 弘扬新时期地方人文精神的意义阐释 [J]. 教育现代化 (14):212-214.

郑伟东,毕金星,2012. 论我国区域经济发展中的人文精神 [J]. 吉林师范大学学报(人文社会科学版)(6):63-66.

金东人文精神理论与实践研究

金东"人文精神"与东湄中央未来区、东孝中央贸创区、江岭高新智造区三大平台构建

曹荣庆[1]

内容摘要：如何将"人文精神"融入全区改革发展实践，融入各项重点工作，是金东区在未来一个时期内的重要任务，也是高质量建设和美金东、高水平打造希望新城的关键所在。本文以人文精神切入建构了一个独具视角的金东区经济社会发展模型，以"内涵"、"奋斗"和"包容"来指代金东人文精神时空坐标的三轴，从而可以直观地看出，金东区全体干部群众必须更有内涵、更能奋斗、更愿包容，那么其经济社会发展的"蛋糕"就可以以指数化的方式裂变和飞跃。

---

[1] 曹荣庆：浙江师范大学经济研究所常务副所长、数字经济智能化应用研究中心主任、教授，金华市社科联副主席。

关键词：人文精神 三大平台项目 时空立体坐标

从 2019 年 3 月开始，金东区委区政府组织广大党员干部开展"金东人文精神"大讨论，向金东乡贤、曾在金东工作过的领导同志、"两代表一委员"、退休老干部、社科文化界人士等群体定向征集，提炼"金东人文精神"，最终在 9 月底由区委常委会研究审定了"耕读求真、实干创新、包容奋进"的金东人文精神。随后，通过集中宣传推广、深入解读阐释、开展主题实践等方式，推动"金东人文精神"进文化礼堂、社区、家庭、校园、企业，系统阐释"金东人文精神"内涵，将弘扬和践行"金东人文精神"融入全区改革发展实践，融入全区各项重点工作。

一、人文精神的一般概述

从学术的角度来看，人文精神是一个比较有争议的命题。有人认为人文精神是对人的关怀、对人的存在的思考，体现人的终极价值；有人认为人文精神是一种精神价值或价值信念，是个人对世界、对社会的理解方式和介入方式。但是从实践角度来看，特别是从一个区域一个城市的角度来看，人文精神却是相对简单的，可以简单地定义为"一个城市的气质和涵养"。

具体说来，作为"一个城市的气质和涵养"的"人文精神"，可以概括为以下三个层面：第一，人文精神是一个城市的文化沉淀。人文精神在本质上具备一种文化意义，建构一种基本的文化定位，凝聚一种特定的文化意蕴。简言之，人文精神是一种内在的文化精神，关注人的意义和价值，追求一种属人的存在方式，从最一般、最直接的意义上表现人性特征，追求人性的提升，进而构成了人文精神的基础，也即人的共同本性、共同需求和共同价值的类意识。第二，人文精神是一个时代的呼唤。人文精神具有鲜明的时代性，它总是在具体的历史境遇中生养，不同时代的社会背景条件规定了人文精神的不同主题和内涵。也正是这种时代性，使人文精神总是处于不断的自我深化、丰富和提升的过程中，从而更好地反映时代精神，促进社会的历史性进步。第三，人文精神是一个民族的诉求。人文精神的内涵具有一种普遍的文化原则，但其具体形态又表现出典型的民族性差异，表现出一个民族共同的社会心理、价值观念和理想追求，揭示民族文化深层结构，直接规整、引导特定民族的人们的认识和实践方向，以提升该民族的精神境界，从而表现出其特殊的价值整合功能和精神凝聚作用。因此，人文精神对民族精神有着重要的影响，在某种意义上，人文精神就是民族精神的一种文化表现。

总之，人文精神是一个内聚与外化互相建构又互相表现的过程，它必须首先内聚为全体人民内在的价值观念和精神境界，但又与时代的呼唤和民族的诉求紧密地结合在一起，形成与具体的时空交织建构的人文精神。

二、金东人文精神及其时空坐标

（一）金东人文精神

经过一个广泛而又深入的学习和总结，"耕读求真、实干创新、包容奋进"被确定为"金东人文精神"。这个人文精神的总结和归纳,既根植历史,又与时俱进,凝聚着全区人民的思想、精神、文化、历史共识,具有深厚的历史渊源、广泛的社会基础和鲜明的时代特色,反映了金东文化的积淀和传承,展现了金东人的文化自觉和文化自信。"耕读求真"体现的是人文传承,"实干创新"体现的是实践路径,"包容奋进"体现的是时代追求,三者是相辅相成、密不可分的有机统一体,体现了人文精神根植历史、反映现实、引领未来的深厚内涵。弘扬和践行金东人文精神,要在全面领会和准确把握其丰富内涵上下功夫,引领全区广大干部群众不忘初心、牢记使命、勤力同心、实干争先,推动各项工作不断迈上新台阶、实现新跨越。

1. "耕读求真"的丰富内涵

耕读求真是金东人生生不息、永续前行的精神密码。"耕读"是中华传统文化的精华所在。耕,与自然和谐相生,丰五谷,立性命,创造物质文明;读,与圣贤坦诚对话,知诗书,达礼义,追求精神完满。"劝化风俗,务以耕读为业"。耕读不仅是指半耕半读的一种生活方式,更是一种情怀、一种文化、一种文明风尚。金东人自古以来提倡"耕读传家久,诗书继世长",明初文臣之首宋濂潜溪苦读,施复亮施光南以"半耕半读"为家训,艾青故居建有"礼耕堂"。"求真"是宋元以来金华学派的核心思想,求真即求是求实、不迷信、不虚饰,穷究事物的本源与真相,探求社会发展的真理。金东人信仰在心、道义在肩、崇道求真。党的早期创始人之一施复亮的革命实践、"人民音乐家"施光南的创作经历、艾青奔赴延安追求光明,都是在践行着求真精神。岁月变迁,农耕文明渐行渐远,生活方式有嬗递,精神内核得永存。"耕读求真"精神所包含的孝悌为本、崇尚道德,克勤克俭、人与天调,自强不息、厚德载物,坚守初心、求真务实的深刻内涵,仍然是当今时代具有现实价值的文化"常道"。设金东区以来,在历届区委的坚强领导下,全区人民继续发扬耕读求真的精神,不旁骛、不虚妄,一茬接着一茬干,一棒接着一棒干,在希望的田野上不断耕耘求索,金东的经济、文化、教育、民生等各个方面都取得了显著的进步。耕读求真,就是要厚植具有金东特色的人文印记和时代需求的精神力量,耕耘不辍、完善自我,遵循规律干事创业、尊重实际谋划发展。

2. "实干创新"的丰富内涵

实干创新,是金东人事业有成、敢为人先的价值追求。"实干"就是直面现实、担当干事、讲求实效。"见之不若知之,知之不若行之"。一打纲领,不如一个行动;坐而论道,不如起而行之。推进各项工作,根本还是要靠实践,靠驰而不息的苦干实干。2004年,时任浙江省委书记习近平在全省"千村示范万村整治"工作现场会上专门点赞金东区雅里村办了一件难事实事。"创新"就是打破常规、突破现状、敢于挑战。创新是推动民族进步和社会发展的不竭动力,也是一个区域不断发展的内在保障。"发展是第一要务,人才是第一资源,创新是第一动力。"实干,定义了金东的气质和风貌；创新，激发了金东的活力与激情。实干创新已经成为金东发展的生命线和灵魂，推动金东创业创新灿然勃发。回溯金东每一项发展成就，无不镌刻着实干创新的烙印。城乡垃圾分类工作体现的全国垃圾分类的"金东经验"、居家养老全覆盖的"金东模式"、琐园古村落保护和利用的"金东样本"，以及机构改革工作获得全省成绩突出集体称号、"标准地+承诺制"提升为"省级标准"，这一切都是金东人实干创新的最好注脚。实干创新，就是要深刻领悟习近平总书记"干在实处永无止境，走在前列要谋新篇，勇立潮头方显担当"的新要求新使命新期望，始终把重实干、办实事、求实效作为座右铭，摒弃思想观念、体制机制、方式方法等固化僵化弊端，与时俱进，在高质量建设和美金东、高水平打造希望新城的征程上，不断创造新的实践、新的样本、新的经验。

3. "包容奋进"的丰富内涵

包容奋进，是金东人兼收并蓄、勇于拼搏的内在品质。"包容"就是海纳百川、有容乃大。金东人素有民胞物与、四海一家的情怀，对各种进步文化兼收并蓄，对各种进步观念和生活方式尊重接纳，各美其美，美美与共。金东大地上，释道并存，大佛寺钟磬悠扬，赤松宫鸾鹤翔集。人口迁徙频繁，种性繁复，原住家族与外来客姓以礼相交，其乐融融。汉、畲、回等多个民族在此繁衍生息，各得其所。当下，外来人口占居住人口的百分之四十多，"新金东人"在希望的田野上有了新的家乡。"奋进"就是竞争拼搏、追求卓越。设区以来，金东取得的显著成绩背后，就是一种永不服输的奋进精神，"和美金东、希望新城"是需要靠竞争、靠拼搏、靠实力创造出来的。包容奋进，就是要以海纳百川的心胸和开放包容的姿态，保持敢为人先、克难攻坚的气魄，创造性地实施好"实业兴区、创新强区、生态立区、人文富区"四大战略，全力把金东建成最具希望的都市核心区、最具活力的重要发展区。

(二) 金东人文精神的时空坐标

由人文精神的"精神境界、时代呼唤、民族诉求"三个层面出发，再结合金东的人文精神，可以建构一个金东人文精神的时空坐标，最终形成将"金东人文精神"融入全区改革发展实践、融入各项重点工作落实的桥梁和途径。

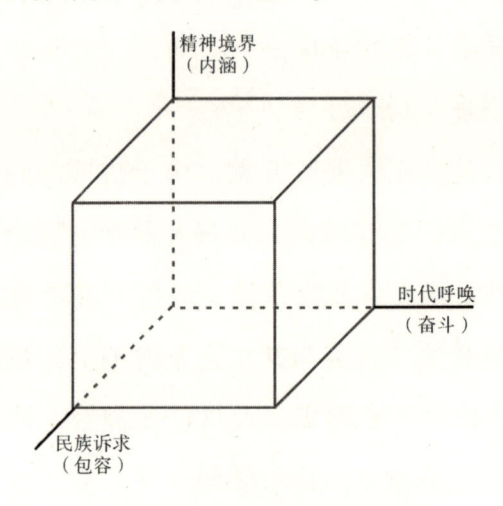

图1　金东人文精神时空坐标图

在图 1 所示的金东人文精神时空坐标中，纵轴代表人文精神的第一个维度，也即内聚的"精神境界"；横轴表示人文精神的第二个维度，也即外化的"时代呼唤"；立体轴代表人文精神的第三个维度，也即同样需要外化的"民族诉求"。

以"内涵""奋斗""包容"来分别指代金东人文精神时空坐标的三轴，自然地形成了以人文精神切入的金东区经济社会发展模型。在这个发展模型中可以直观地看出，一个城市，一个区域，如果人们更有内涵、更能奋斗、更愿包容，那么其经济社会发展的"蛋糕"就可以以指数化的方式裂变和飞跃。

三、金东的三大平台建设与人文精神的时空建构

（一）三大平台简介

1. 东湄中央未来区

东湄中央未来区东至规划复兴街、南至海棠东路、西至武义江、北至环城南路，规划总面积 2.69 平方公里，可容纳人口约 2.8 万人。

东湄未来社区位于主城区的东南部、金东区的西南部。未来社区是以满足人民美好生活需要为根本目的的人民社区，是围绕社区全生活链服务需求，以人本化、生态化、数字化为价值坐标，以和睦共治、绿色集约、智慧共享为内涵特征，以未来邻里、教育、健康、创业、交通、低碳、建筑、服务和治理等九大场景创新引领未来生活方式变革的新型城市功能单元。通俗地讲，未来社区就是以人为中心，集成近期科技成就，面向未来发展方向打

造的城市功能单元。

东湄中央未来区现行的规划范围分为两个层次。第一个层次是由环城南路、环城东路、二环南路、武义江围合的13平方公里作为拓展区进行整体规划研究。拓展区以"公园里·知识城"的愿景来打造，一方面打造城市生活与生态高度融合的"公园里"，另一方面打造产学研一体化发展的"知识城"，并提供高质量的配套，促进创新经济的发展。第二个层次是由环城南路、规划纵五路、海棠东路、武义江围合的1.6平方公里作为启动区进行深化设计。启动区以"创新绿谷"为发展愿景，拟打造成为金华市区的创新创业主战场、产城融合的示范区。

2. 东孝中央贸创区

东孝中央贸创区以金东综合园西片为重点，谋划推进金瓯路以北2平方公里城市有机更新，加快推动商贸业集聚提升发展，推动传统工业向融合研发、创意、设计、生产的2.5产业和总部经济转型。通过"一年打基础、两年见成效、三年立新城"的节点思路，力争经过三年的时间，把东孝街道建设成为以商贸经济为优势，以工业经济为基地，以城市经济为辐射，效益优良、特色鲜明、持续发展、辐射整个金东区的贸创新区。

东孝中央贸创区的建设分为四个阶段：第一阶段为规划编制阶段（2020年1—3月）。中央贸创区指挥部各成员单位和职能部门要加强协调配合，做好贸创区规划编制的前期论证工作，深入开展调查研究，广泛收集相关资料，高水平开展规划编制工作。

要明确空间范围、功能定位，加强与城市总体规划、土地利用规划、生态环境规划、产业集聚区规划的衔接，要突出特色，充分发挥东孝优势，高标准完成规划和报审的各项工作。第二阶段为战略部署阶段（2020年4—9月）。指挥部各职能部门根据各自工作职责，积极开展工作。政策研究组积极推进国有土地依法征迁相关政策的研究、程序报批以及相关产权认定。有机更新组根据总体规划制定完善区块有机更新计划。各职能部门对实施前工作进一步准备、完善，采取积极措施，注意相应落实。第三阶段为重点实施阶段（2020年10—12月）。这一阶段是中央贸创区建设的重点阶段，要有针对性地开展招商引资，强化企业引进、推进项目建设，使贸创区的基础基本成型，产业基础设施得到加强，基本建成核心功能区。第四阶段为全面推进阶段（2021—2022年）。根据基础布局和发展导向，按照发展目标和推进节点，将中央贸创区的各项任务目标全面推进提升，实现产、城、人融合发展区的进一步打造。

3. 江岭高新智造区

江岭高新智造区依托江东、岭下工业园区，在整合提升现有空间的同时，加快规划布局调整，加速空间、产业以及功能配套的对接融合，着力打造"万亩千亿"产业大平台，成为金东工业发展的主阵地、主引擎，更是高质量建设和美金东、高水平打造希望新城的关键所在。

目前，江岭高新智造区已落户机电、五金工具、智能制造、高端装备等企业 110 余家。

除了上述三个典型的项目之外，2020 年金东重点招商项目多达 30 多个，涵盖新兴产业、大健康产业、现代服务业、现代农业等领域，项目之多、领域之广，为历年之最。

（二）三大平台项目中人文精神的时空建构

金东区推出如此之多的招商项目，特别是上述三大平台项目到目前为止进展顺利，在很大程度上来说，也正是金东人文精神的积极体现。

更加重要的是，金东区 2020 年推出的这 30 多个重点招商项目，特别是上述三大平台项目要真正建成投产，真正为高质量建设和美金东、高水平打造希望新城做出贡献，需要金东人文精神的有机融入，在以金东人文精神切入而建构的金东区经济社会发展模型中，纵轴的"精神境界"与"耕读求真"相对应，以"有内涵"为素质要求，横轴的"时代呼唤"与"实干创新"相对应，以"奋斗 ing"来要求自己，立体轴的"民族诉求"与"包容奋进"相对应，以"能包容"为社会胸怀，投身于三大平台项目的建设和发展，推动金东区经济社会发展"蛋糕"的指数化裂变和飞跃。

（三）三大平台项目中人文精神时空建构的具体措施

在以金东人文精神切入而建构的金东区经济社会发展模型中，以"精神境界""时代呼唤""民族诉求"建构的三轴维度，无论其内涵还是外延都是极其宽频的，不同的人不同的工作都可以延化出不同的要求和目标。在这里，我们挂一漏万，仅仅以"有内涵""奋斗ing""能包容"为工作指针提出一些对策和措施。

1. 以"学习型社会（企业）"来培育"有内涵"的个人和企业

学习型组织是指通过培养弥漫于整个组织的学习气氛，充分发挥员工的创造性思维能力而建立起来的一种有机的、高度柔性的、符合人性的、能持续发展的组织。这种组织具有持续学习的能力，具有高于个人绩效总和的综合绩效的效应。

成功的学习型企业应具备六个要素：一是拥有终身学习的理念和机制，重在形成终身学习的步骤；二是拥有多元反馈和开放的学习系统，重在开创多种学习途径，运用各种方法引进知识；三是形成学习共享与互动的组织氛围，重在企业文化；四是具有实现共同目标的不断增长的动力，重在共同目标不断创新；五是工作学习化使成员活化生命意义，重在激发人的潜能，提升人生价值；六是学习工作化使企业不断创新发展，重在提升应变能力。通过这六个要素的提升和优化，使每一个参与学习的人都在一定程度上成为一个"有内涵"的人。

2. 以"天职观"和"工匠精神"来培育"奋斗ing"的个人和企业

当下我国经济社会发展的一个重大问题，是社会各界普遍存在的"退养意识"，最典型的就是在"人生意义（养生）"的名义下而强调的"慢下来""静下来"的社会思潮，这种社会思潮显然与金东人文精神中的"实干创新"形成了直接的矛盾和冲突。

对此，必须在金东区全体干部群众中树立一种正确的"天职观"。李白有一句著名的诗句：天生我才必有用。这个"必有用"就是一种"天职观"。现代学术中所谓"天职观"起源于欧洲的文艺复兴和宗教改革，因此"天职"实际上就是一种我们在世俗社会中必须从事的职业。当然，我们今天所说的"天职"要大大地超出宗教的范围，升格为我们个人对我们这个社会这个时代的一种使命感和责任感，一种事业有成、敢为人先的价值追求。

在这种"天职观"的指引下，"工匠精神"应该成为我们职业过程中的又一个准则，"工匠精神"是一种职业道德、职业能力、职业品质的体现，是从业者的一种职业价值取向和行为表现。"工匠精神"的基本内涵包括敬业、精益、专注、创新等方面的内容，宽泛地说，工匠精神就是要求我们每一个人都把自己的工作做得更好，甚至做得比别人更好。

显而易见，在"天职观"的指引下融入"工匠精神"，在"工匠精神"中强化个人职业能力，两者结合在一起，"奋斗ing"就是一个必然的结果。

3. 以"包容性增长"的政策机制来培育"能包容"的个人和企业

市场经济中，不同主体之间的竞争性是达成帕累托效率的必然机制，但是过度的竞争也会导致社会主体之间的疏离甚至敌对。

因此，应以"包容性增长"的政策机制来培育"能包容"的个人和企业。在全区干部群众中确立以民为本的公共服务理念，以构建包容性的发展政策，将所有人包容到社会经济发展进程中，共享社会经济发展的成果，消除任何形式的"社会排斥"，消除社会阶层、社会群体之间的隔阂和裂隙，使所有社会成员，包括男性和女性，老年人、成年人和未成年人，健康人和病人、残疾人，富裕阶层、中间阶层、劳动阶层和社会底层都能够无障碍地融为一体。在此基础上，确立以民为本的公共服务理念，建立多层次、立体化的弱势群体社会支持网络，既要有政府的政策支持和制度保护，又要能够有效发挥社区服务和"第三部门"的积极作用，有利于从根本上解决弱势群体的社会支持和社会保护问题，最终实现金东全区经济社会的"包容奋进"。

参考文献：

郭艳萍，2010.建构市场经济体制下的人文精神［J］.岳阳职业技术学院学报（5）：85-88.

韩淑娟，2018.浅析以贵州人文精神构筑本土"精神高地"［J］.贵阳学院学报（2）：58-61.

万力，2016.城市现代化进程中的人文精神：特质、困境与出路［J］.西安建筑科技大学学报（6）：32-36.

王丽英，2005.社会主义市场经济完善过程中人文精神的构建［J］.学术交流（5）：39-43.

阳素云，2015.弘扬新时期地方人文精神的意义阐释［J］.教育现代化（11，上）：212-214.

袁兴年，2013.包容性社会政策的建构与公共服务创新——以杭州市上城区为例证［J］.理论月刊（1）：166-171.

张静，2006.论社会主义市场经济条件下人文精神的建构［D］.郑州：郑州大学.

张静，2019.三大区块现状及定位［N］.今日金东，2019-09-04.

浙中在线，金华商业综合体即将大爆发［OL］.ttps：//mp.weixin.qq.com/s/DkKk0xke3_ bg-g3SURrFUg.

后 记

金东区建区以来近二十年来的发展历程，总结提炼出了金东人文精神——"耕读求真、实干创新、包容奋进"。这是金东人民弘扬中华优秀传统文化、大力弘扬和践行社会主义核心价值观的新提升、新自觉、新实践。

为了深度挖掘金东人文精神的传统文化、理论内涵、实践探索，金东区委宣传部、金东区社会科学联合会约请一批专家学者，撰写了一批金东人文精神理论解读文章，对金东人文精神弘扬和实践提出了新的观点和理论支撑。

今年受疫情影响，专家们不能亲临金东深入调研，我们就为各位专家提供了一手资料，供他们研究思考。浙师大教授和本土专家则充分发挥地域优势，多次深入金东的园区和乡镇，开展了细致的调查研究，积累了大量素材。

我们特选择部分优秀论文集结出版。专家学者们的理论文章主要有三个特点：

一是理论性。专家学者以"求真务实、诚信和谐、开放图强"和"勇立潮头"的浙江精神为引领，全方位、多角度地对金东人文精神进行了解读，具有较高的理论水平。有的从科学精神与人文精神是贯穿整部人类文明史的基本线索出发，得出金东人文精神是"经典现代性"；有的从金东人文精神与县域治理体现能力的现代化进行论述；有的从"婺学"渊源及浙江精神、金华精神出发，探究源头和创新发展的关系；有的则从历史渊源和现实支撑展开论述，彰显了金东区域文化的包容性和历史渊源。

二是区域性。人是物质性的存在，也是精神性的存在。专家学者们从历史地域、文化精神中寻找发展的精神动力和文化基因，充分论证了金东区域文化是一本具有金东地域文化特质的"金东读物"。其中，有的对金东区域的人文精神传承及运用作了深刻阐述；有的从金华区域实际出发，对金东人文精神进行文化与传承的解读；有的则从金东名人基因剖析，从金东新坐标这个角度，阐述了金东人文精神理论和实践创新。

三是指导性。专家学者们秉承理论创新与实践创新相结合的宗旨，在实际调研基础上对"和美金东、希望新城"发展定位进行思考，对金东三大平台构建、金东"两个一体化建设"进行了深入探究，对"六事"干部队伍建设提出了自己的见解和看法，具有很强的指导意义。

《金东人文精神理论与实践研究》在金东区委主要领导的关

怀下，在金东区委宣传部、社科联和各位专家学者的共同努力下，完成了课题研究，并被列入金华市社科联重点课题。在该成果即将付梓出版之际，编者向为本研究付出辛勤劳动的各位同志们表示衷心感谢。

囿于时间和能力水平，书中难免有疏漏和不妥之处，敬请大家批评指正。

编者
2020 年 9 月 20 日